上海市民办教育"民智计划"项目

营利性民办高校法人治理研究

王邦永 著

图书在版编目(CIP)数据

营利性民办高校法人治理研究 / 王邦永著. —上海：立信会计出版社，2023.6
ISBN 978-7-5429-7356-6

Ⅰ.①营… Ⅱ.①王… Ⅲ.①民办高校-法人治理结构-研究-中国 Ⅳ.①G648.7

中国国家版本馆 CIP 数据核字(2023)第 103062 号

策划编辑　王艳丽
责任编辑　王艳丽

营利性民办高校法人治理研究
YINGLIXING MINBAN GAOXIAO FAREN ZHILI YANJIU

出版发行	立信会计出版社
地　　址	上海市中山西路 2230 号　　邮政编码　200235
电　　话	(021)64411389　　传　真　(021)64411325
网　　址	www.lixinaph.com　　电子邮箱　lixinaph2019@126.com
网上书店	http://lixin.jd.com　　http://lxkjcbs.tmall.com
经　　销	各地新华书店
印　　刷	江苏凤凰数码印务有限公司
开　　本	710 毫米×1000 毫米　1/16
印　　张	15
字　　数	195 千字
版　　次	2023 年 6 月第 1 版
印　　次	2023 年 6 月第 1 次
书　　号	ISBN 978-7-5429-7356-6/G
定　　价	89.00 元

如有印订差错，请与本社联系调换

前言
PREFACE

随着高等教育的发展，我国民办高等教育的总体规模不断扩大，内涵质量有效提升，高等教育多元化格局逐渐形成，从而满足了人民群众多样化的高等教育需求。2016年11月7日，全国人民代表大会常务委员会作出了修改《中华人民共和国民办教育促进法》的决定，明确提出了对包括民办高校在内的民办学校实行营利性和非营利性分类管理，确立了营利性民办学校的法律地位。相较于以往我国民办高校"民办非企业单位"的法人属性，分类管理后，我国的民办高等教育机构首次出现了营利性组织的形态，即营利性民办高校，其法人属性具有特殊性，同时体现了营利性法人和公益性法人的特征。

在我国基本国情和市场经济特征影响下，我国营利性民办高校的发展背景、发展过程具有自身的独特性和复杂性，其办学目标也在营利性和公益性之间不断调适和平衡。对营利性民办高校而言，构建利益均衡的法人治理结构，尊重各利益相关者合理的利益诉求，是实现营利性民办高校规范办学、科学管理、高效运行以及可持续发展的重要保证。当前，营利性民办高校在法人治理层面依然存在不少问题，这些问题如果处理不当将对学校的良性运行及健康发展带来不利影响。

基于上述思考，本书着重探索营利性民办高校法人治理问题及其解决路径。本书综合运用了文献研究法、问卷调查法以及比较研究法，遵循"提出问题—调查问题—分析问题成因—解决问题"的基本行文逻辑，对当前营利性民办高校法人治理中存在的主要问题及其成因进行了梳理和分析，并就如何构建利益均衡、制衡有序、运转高效的营利性民办高校法人治理机制提出了诸多可操作性建议。

本书共七章。第一章为绪论。第二章对本书涉及的"营利性""民办高校""法人治理"等概念予以界定，提出了产权理论、利益相关者理论、外部治理理论、内部控制理论等一般营利性组织治理的理论框架，并结合国外高校主要治理模式带来的启示和借鉴，对我国民办高校治理的理论进行探索，提出了人力资本单边治理模式、出资者单边治理模式以及利益相关者治理模式等。第三章主要通过分析和阐述我国民办高等教育发展的历史特征、营利性民办高校法人治理的法治环境和外部要求等内容，明确了当前国内营利性民办高校发展的主要背景与现实环境。第四章以30所民办高校为研究对象，针对管理层和师生开展问卷调查，通过分析问卷调查结果梳理了营利性民办高校法人治理中存在的主要问题。第五章主要立足营利性民办高校法人治理中存在的问题，从多个维度分析了营利性民办高校法人治理问题的成因。第六章从树立正确的法人治理原则、构建系统的外部治理制度、构建多元共治的内部治理结构、加强内部控制和风险管理体系建设、以章程为统领完善法人治理机制等方面，就如何完善营利性民办高校法人治理提出具体对策建议。第七章为结论、创新与展望。

本书为上海市民办教育"民智计划"项目的研究成果之一。本书在撰写过程中得到了华东师范大学代蕊华教授、刘莉莉教授、郅庭瑾教授，上海建桥学院董事长周星增先生、校长朱瑞庭教授以及上海市教育科学院研究院民办教育研究所所长董圣足、智力研究所副所长潘奇等领导、专家、老师、同仁的指导和帮助。此外，熊莉娜、刘荣飞、黄小灵、田甜等同学和朋友也以各种方式对本书的成文给出了宝贵的意见和建议。国内多所民办兄弟院校的董事长、校领导来上海建桥学院考察交流之际也为本书的撰写提供了宝贵的思路，同时为相关调研提供了帮助。立信会计出版社王艳丽编辑在本书的出版过程中付出了大量的时间和精力。在此，作者对上述人员一并表示衷心的感谢。

作者

2023 年 3 月

目录
CONTENTS

第一章 绪论 ·· 1
 第一节 问题的提出 ······························ 2
 第二节 研究意义 ································ 4
 第三节 现有研究及其评述 ························ 7
 第四节 研究设计 ································ 26

第二章 营利性民办高校法人治理概述 ·················· 31
 第一节 概念界定 ································ 32
 第二节 营利性组织治理的几种基本理论 ············ 41
 第三节 营利性民办高校治理的境外经验 ············ 49
 第四节 我国民办高校法人治理模式探索 ············ 56

第三章 营利性民办高校法人治理的现实基础 ············ 63
 第一节 我国营利性民办高校发展的历史特征 ········ 64
 第二节 我国营利性民办高校法人治理的法治环境 ···· 70
 第三节 营利性民办高校法人治理的外部要求 ········ 80

第四章 营利性民办高校法人治理现状调查与分析 ········ 87
 第一节 营利性民办高校法人治理调查设计 ·········· 88
 第二节 营利性民办高校法人治理调查问卷结果分析 ·· 92
 第三节 营利性民办高校法人治理存在的问题分析 ···· 98

第五章 营利性民办高校法人治理问题成因分析 ·········· 113
 第一节 举办者办学动机与多元利益诉求的冲突 ······ 114
 第二节 学校内部治理与政府外部监管的权衡 ········ 118

第三节 内部人控制与资本市场监管的博弈 …………… 121

第六章 完善营利性民办高校法人治理的路径及策略 ……… 129
 第一节 树立正确的法人治理原则 …………………… 130
 第二节 构建系统的外部治理制度 …………………… 134
 第三节 构建多元共治的内部治理结构 ……………… 145
 第四节 加强内部控制和风险管理体系建设 ………… 153
 第五节 以章程为统领完善法人治理机制 …………… 159

第七章 结论、创新与展望 ……………………………………… 163
 第一节 研究结论 ……………………………………… 164
 第二节 研究创新 ……………………………………… 166
 第三节 研究展望 ……………………………………… 166

参考文献 ……………………………………………………… 169

附录1 关于营利性民办高校法人治理问题的调查问卷 …… 179
附录2 民办高校境内外上市情况概览 ……………………… 189
附录3 中共中央办公厅印发《关于加强民办学校党的建设工作的意见（试行）》的通知 …………………………… 197
附录4 教育部等五部门关于印发《民办学校分类登记实施细则》的通知 ………………………………………… 209
附录5 教育部 人力资源社会保障部 工商总局关于印发《营利性民办学校监督管理实施细则》的通知 ……… 215
附录6 上海市营利性民办高等学校办学结余分配工作管理办法（试行） ………………………………………… 227

第一章

绪 论

第一节 问题的提出

改革开放以来，随着我国经济社会的高速发展，国家相继出台一系列法律法规，鼓励社会力量办学，这在较大程度上激活了民办教育市场。1997年，国务院出台《社会力量办学条例》，首次明确提出了社会力量办学的主体。2003年9月1日起实施的《中华人民共和国民办教育促进法》（以下简称《民办教育促进法》）提出要维护民办学校和受教育者的合法权益，促进民办教育事业的健康发展。《民办教育促进法》中的"合理回报"规定意在鼓励更多社会资本进入教育领域，推动民办教育事业发展，为广大受教育者提供更多可选择的教育机会和平台。2004年实施的《中华人民共和国民办教育促进法实施条例》（以下简称《民办教育促进法实施条例》）对"合理回报"这一规定予以细化，进一步激发了民办学校举办者的积极性。自此，大量的社会寻利性资本开始进入教育领域，民办高校进入快速发展阶段。教育部公布的《2020年全国教育事业发展统计公报》数据显示：2002—2020年，国内民办高校数量由2002年的173所增长到2020年的771所，占普通高校数量的28.16%。同时，随着民办高校数量的增加，招生规模也在进一步扩大。根据该统计公报发布的数据：2020年中国民办普通高校本专科招生人数达236.07万人，较2019年增加了16.38万人，同比增长7.46%。随着民办高校的兴起和发展，我国高等教育实现了外延规模的不断扩大以及内涵质量的有效提升，教育多元化格局逐渐形成，从而更好地满足了人民群众多样化的高等教育需求。同时，民办高校在推动高等教育大众化、普及化，以及在助力区域经济社会发展层面和人才培养方面扮演着越来越重要的角色。民办高校的建设和发展为实现丰富的社会资源向教育资源的转化提供了有效的渠道，为国家各行各业发展培养了一大批高素质应用型人才，有力推动了高等教育领域的办学体制改革，减轻了政府对高等教育的财政投入压力。民办高等教育成为中国高等教育事业的重要组成部分，是推动高等教育改革的重要力量和高等教育发展的重要增长点。

随着民办学校的建设与发展，关于民办学校办学动机的争议一直存在。在《国家中长期教育改革和发展规划纲要（2010—2020年）》（以下简称《规划纲要》）的制定过程中，学术界围绕是否对民办学校全面实行分类管理进行了激烈的讨论。在民办教育规模和质量都稳步上升的同时，以促进民办教育发展为主要政策目标、以分类管理为基本特征的《民办教育促进法》修法进程拉开序幕。2015年12月27日，全国人大常委会审议通过的《中华人民共和国教育法》和《中华人民共和国高等教育法修正案》删除了教育不得以营利为目的的相关条款。2016年11月7日通过的《民办教育促进法修正案》第十九条明确提出："民办学校的举办者可以自主选择设立非营利性或者营利性民办学校。但是，不得设立实施义务教育的营利性民办学校。"自此，民办学校分类管理制度正式在法律层面上予以确立。在分类管理制度下，以遵循教育公益性为前提，国家允许营利性民办高校把追求利润作为办学目标之一。同时，营利性民办高校的办学主体通常是自然人或企业，有着明晰的产权归属人。营利性民办高校的所有权归投资者或者股东所有，其拥有利润分配权、剩余财产索取权。这表明民办学校举办者在学校中占据决策核心地位。从治理的角度看，营利性民办高校是典型的多利益相关者机构，其多元参与主体存在合理的利益诉求。近年来，营利性民办高校普遍建立了董事会或实行理事会领导下的校长负责制，也制定了相应的学校章程或董事会章程。但是，由于产权归属不清晰、法人财产权落实不力等原因，权利主体间分工不明确、关系不顺畅以及程序不清晰等问题依然存在，这在一定程度上影响了营利性民办高校的良性运行。此外，法人治理结构不完善、决策机制不健全、缺乏有力的监督机制等问题的存在，容易造成民办高校出现各种内部管理问题，从而影响营利性民办高校的重大决策和办学行为，并对营利性民办高校的健康发展造成阻碍。在分类管理新法新政背景下，营利性民办高校如何解决当前法人治理结构、运行机制等层面存在的突出问题，打破制约营利性民办高校健康发展的瓶颈，已成为社会各界高度关注的问题。

第二节 研究意义

一、营利性民办高校能否通过有效的内部治理实现健康发展，有助于检验分类管理改革是否成功

分类管理制度的提出适应了民办高校建设与发展对制度变迁的客观需要。一般而言，制度的非均衡性将引发制度的变迁，即高效率制度将代替原有的制度。简言之，在原有制度下，行为人的利益要求无法得到满足时，便会产生对新制度的需求。在民办教育发展之初，民办学校始终坚持公益性办学的初衷，但现实中其又存在一定的营利事实。这种情况下，为了满足多元利益主体的利益诉求，管理当局需要通过制定和实行新的制度来调和制度需求与制度供给之间的矛盾。2002年的《民办教育促进法》提出了"合理回报"的概念，但是关于"合理"概念的模糊表述又引

发了公众对民办学校能否取得回报的新讨论。同时，由于合理回报的实施细则始终未出台，举办者要取得办学收益难以获得操作层面的支持和保障，或者说举办者取得办学收益的行为面临合法性的质疑。在此背景下，有学者提出了应当依据是否营利对民办学校进行明确的划分，进而分别采用对应的政策和管理措施。《规划纲要》首次探索了民办教育分类管理制度，提出"营利性民办学校"的概念。此后，以"促进民办教育发展"为主要政策目标、以"分类管理"为基本特征的《民办教育促进法》修法进程有序推进。我国自2002年颁布《民办教育促进法》以来，先后对其进行了三次修订。其中，2016年修订的该法首次提出了民办学校举办者可以自主选择设立营利性或非营利性民办学校，即首次从法律层面上明确提出了民办教育分类管理制度，也从法律层面上对营利性民办高校予以认可。分类管理改革明确了民办高校发展的两个方向：非营利性民办高校坚持纯公益性办学方向；营利性民办高校举办者则在坚持教育公益性的前提下，可以分配办学结余，享有剩余财产索取权。在这样的背景下，两类民办高校能否在各自的发展方向上取得成功引起了各界关注，尤其是营利性民办高校面临国家扶持力度减弱的趋势，其能否通过建立完善的法人治理结构和机制实现新发展，并通过有效的内部治理实现公益性与营利性的统一和平衡，在一定程度上成为检验分类管理改革成功与否的关键所在。

二、基于营利性组织属性构建完善的法人治理结构，有助于推动现代大学制度的改革创新

在分类管理改革的背景下，完善营利性民办高校法人治理结构是推动现代大学制度改革创新、促进我国高等教育领域深化改革的重大理论和实践问题。营利性民办高校是民办高等教育事业的重要组成部分，也是社会主义高等教育事业的重要组成部分。

《中国教育现代化 2035》提出，要"鼓励民办学校按照非营利性和营利性两种组织属性开展现代学校制度改革创新"。在新形势下，建立适应我国具体国情并与现代大学制度改革和创新相适应的营利性民办高校法人治理结构，是提升营利性民办高校内部治理水平和办学水平的必然要求，也是促进现代大学制度改革创新的客观需要，对促进营利性民办高校的健康、稳定和可持续发展具有重要的现实意义。营利性民办高校的营利法人属性有助于其借鉴公司治理的成熟模式和机制推动学校管理制度创新。结合营利性民办高校的管理规律及育人规律，探索分类管理改革背景下营利性民办高校的法人治理结构，理顺内外部权力关系，实现各种权力之间相互支持、合理配置和相互协调，是进一步改善营利性民办高校法人治理的基本前提。

三、构建不同利益主体间的均衡制约机制，有助于规范营利性民办高校的办学行为

民办高校在丰富教育资源供给、满足人民群众多样化的教育需求、为经济社会发展培育高素质应用型人才以及推动教育体制改革等诸多方面发挥着重要的作用。在分类管理制度下，民办高校分为营利性民办高校和非营利性民办高校，其中营利性民办高校属于典型的利益相关者机构。营利性民办高校在办学、管理以及运行过程中需要兼顾各利益相关者的利益诉求。在我国由于营利性民办高校是个新生事物，其在实践领域还存在大量的问题。例如，由于对"公益性"和"营利性"的认识存在偏差，公众对营利性民办高校的抵触无法及时扭转，在一定程度上造成了学校面临生存空间先天不足的问题。与此同时，当前营利性民办高校在办学过程中还面临的一些其他突出问题，如生源问题、教学质量问题、政策优惠问题、监管问题等，都对营利性民办高校实践发展造成阻碍，不利于营利性民办高校的健康发展。因此，基于

以上现实问题，只有完善营利性民办高校的法人治理结构，建立内部不同利益主体间的利益均衡和相互制约机制，才能促进营利性民办高校办学行为的进一步规范，实现营利民办高校的良性运行和健康发展。

第三节　现有研究及其评述

在分类管理改革背景下，随着营利性民办高校的兴起与发展，关于法人治理、民办高校法人治理以及营利性民办高校法人治理的研究日渐受到学术界的广泛关注和讨论。

一、关于法人治理的相关研究

(一) 治理

"治理"（governance）一词源于拉丁文和希腊语中的"kubernao"，原意是指"掌舵"，亦有"控制""引导""操纵"的意思。"治理"一词首次出现于1989年世界银行在对撒哈拉以南非洲发展问题的报告中。随后，"治理"一词被广泛地应用到公共管理领域。1995年，全球治理委员会发布《我们的全球伙伴关系》（*Our Global Neighborhood*），首次对"治理"进行了较具代表性的定义。该报告对"治理"的定义是："治理是各种公共的或私人的机构管理其共同事务的诸多方式的总和。它是使相互冲突的或不同的利益得以调和并且采取联合行动的持续过程。"联合国开发署于1996年发布的《人类可持续发展的治理、管理的发展和治理的分工》中提出了治理的定义："治理是一套价值、政策和制度的系统，社会通过国家、市民社会和私人部门的活动来管理政治、经济和社会事务。"詹姆斯·N. 罗西瑙（James N. Rosenau）编写了《没有政府的治理》（*Governance Without Government*）一书，并发表了《21世纪的治理》《面向本体论的全球治理》等文,为治理理论的创立作出了奠基性的贡献。詹姆斯·N.罗西瑙认为:"治理是一种由共同目标支持的活动,这些管理主体未必是政府,也无须依靠国家强制力量来实现。"我国国内亦有学者围绕"治理"的概念进行了论述,其中学者毛寿龙认为,治理不同于统治、行政和管理,是政府通过掌舵实现对公共事务的治理。我国著名学者俞可平教授提出:"治理是官方的或民间的公共管理组织在各种不同的制度关系中运用权力去引导、控制和规范公民的各种活动,维持秩序,满足公众的需要,以最大限度地增进公共效益。"

"治理"和"管理"的不同更多地是体现在理念上。首先,"管理"强调的是"行使权力",而"治理"强调的是"处理事务"。其次,"管理"的主体比较单一,而"治理"的主体则具有多元性,是利益相关者背景下的共同治理模式。最后,"管理"的运作模式通常是自上而下的"管人理事",权力行使路线是"由人及事",具有强制性和权威性的特点,而"治理"的运作模式是协商性共生合作的"治事理人",权力行使路线是"由事及人",具有契约性和民主性的特点。当然,治理理论也有其内在缺陷。鲍勃·杰索普将治理理论的内在困境概括为四种两难选择:一是合作与竞争的矛盾,二是开放与封闭的矛盾,三是原则性与灵活性的矛盾,四是责任与效率的矛盾。

(二)法人治理

法人治理(corporate governance)又称公司治理,是经济学中的一个专有名词,其主要的研究对象是从事营利性活动的公司、企业等法人组织。公司治理是在公司所有权和控制权分离的情况下,研究如何授权给职业经理人并针对职业经理人的履行职务行为行使监管职能。如何降低代理成本是公司治理所要解决的核心问题。公司治理讨论的基本问题就是如何使企业的管理者在利用资本供给者提供的资产发挥资产用途的同时，承担起对资本供给者的责任，即利用公司治理的结构和机制明确不同公司利益相关者的权利、责任和影响。1991 年 1 月，在英国成立的公司治理财务事务委员会发布了《卡德伯利报告》，这是世界上第一份有关公司治理的"最佳实践准则"。这份报告对公司治理的定义做出了界定："公司治理主要是指公司赖以指挥与控制的系统。"该观点被英国特许公共财务会计师公会引入公共事务领域，围绕公共部门的法人治理进行研究。美国学者威廉姆森（Williamson）提出了"治理结构"的概念，其与当下所称的法人治理（公司治理）的概念相近。从经济学的角度来讲，公司治理起源于所有权与经营权的分离。1932 年，美国学者伯利（Berle）和米恩斯（Means）联合编写了著名的著作《现代公司与私有财产》。他们首次提出"所有权与控制权相分离"的论点。玛格丽特·M. 布莱尔（Margaret M. Blair）在《所有权与控制：面向 21 世纪的公司治理探索》一书中较为全面地对公司治理的定义进行界定："狭义层面上，公司治理是指公司董事会的功能、结构、股东权利等一系列的制度安排；广义层面上，公司治理是指公司控制权和剩余索取权分配的一整套法律、文化和制度安排。公司治理所要解决的主要问题是应在何种状态下进行控制，以及风险与收益如何进行合理分配等。广义层面的公司治理与企业所有权安排存在相似性。企业所有权是公司治理结构的抽象概括。"英国的特里克在其 1984 年编写的《公司治理》一书中认为，公司治理包括董事和董事会的思维方式、理论和做法，公司治理涉及的是董事会和股东、高层管理部门、规制者与审计员以及其他利益相关者的关系。特里克把公司治理归纳为四种主要活动：战略制定、决策执行、监督和问责。国内对公司治理的研究肇始于国企改革。张维迎和吴敬琏在 1994 年首先提出要在国企改革中借鉴和吸收当代公司治理理论，紧接着，张维迎、林毅夫、李维安等又围绕公司治理的内涵、有效的制度安排、委托代理问题、产权问题、治理模式等方面开展探索性研究，并取得了一定进展。其中，林毅夫认为，法人治理是所有者对经营者的经营管理和业绩等进行有效地监督和控制的制度安排。综合这些对于公司治理/法人治理的论述，我们认为法人治理实则是一种制度安排与合约安排，这些安排力求实现组织内利益相关者之间关系的有效协调，最终在合理的约束条件下实现组织价值最大化的目标。

最初法人治理的研究对象主要是营利性企业。随着民办高校的兴起和快速发展，关于营利性民办高校和非营利性民办高校的法人治理问题日渐受到学术界的关注。在民办高校运行过程中，法人治理机制的构建是无法回避的关键问题。民办高校主要由企业或个人举办，其在实际运作过程中与企业组织存在相似性，也必须接受法律的约束和政府的监管。民办高校在法人治理中需要借鉴公司法人治理相关理论，在内外部治理制度的共同影响下实现外部治理与内部治理的有效结合，在确保民办高校公益性的基础上兼顾各利益主体的合理权益，引导各利益相关主体科学地参与到民办高校内部治理之中。

（三）大学治理

国外学者围绕大学治理开展的研究起步较早。在 20 世纪 70 年代，学术权力与行政权力之争已然开始。学术权力与行政权力均是大学治理研究的重要内容。欧洲学者普遍认为，"大学治理"一词来源于美国。《大学和学院治理》是美国第一本关于大学治理研究的专著。在这本专著中，作者科尔森（Colson）首次对大学治理的概念及相关理论进行了研究。1973 年，卡内基高等教育委员会（Carnegie Foundation for the Advancement of Teaching）对大学治理的定义作出了界定，认为"大学治理是作决策的结构和过程"。美国高等教育学会在关于 21 世纪大学治理的讨论文集中对大学治理作出了简洁的定义，即"大学治理是大学内利益相关者参与大学重大事项决策的结构和过程"。这也是目前我国普遍采用的一种定义。在 20 世纪 80 年代，国外学者从不同的视角围绕大学治理的概念进行了广泛的研究。Salipante（1991）创新性地运用制度变迁理论研究大学治理问题，侧重分析了学校传统与长期适应性的关系；Robert（2004）在研究大学治理问题时引入了控制论思想，侧重围绕大学治理中学术组织的权力机构和学术评议会等机制安排展开探讨。同时，他还提出，大学治理主要是为了实现教师体系与大学理事会之间的平衡。Adrianna J. Kezar（2004）提出，领导能力和人际关系在大学治理中发挥着关键的作用。Susan Whealler Johnsta（2003）认为，教师参与是大学治理中的重要因素，将对大学治理成效产生积极的影响；Gabriel E. Kaplan（2004）指出，大学治理需要综合考虑多个群体之间的关系，例如学生、校友、代理教师等群体，并对各参与者之间的权利与利益分配等进行科学的考察。20 世纪 90 年代以来，以全球治理委员会对治理作出的定义为基础，以新公共管理理论和新自由主义经济为载体，治理理论逐步对大学治理实践产生影响。同时，随着高等教育领域的市场化、民营化，越来越多的企业管理创新和改革成功实践经验被应用于大学治理。公司治理经历了观念导入、结构构建、机制建立、有效性提高等阶段。大学治理也经历了和公司治理大致相仿的发展阶段。Coaldrake 和 Stedman 详细比较了澳大利亚证券交易委员会制定的《公司治理准则》条款用于大学治理的可能性，认为《公司治理准则》中的相当一部分内容可以应用于大学治理，澳大利亚的一些州政府已经把《公司治理准则》用作评估大学董事会是否有效运作的评价标准。

国内关于大学治理的研究可追溯到 20 世纪末，研究成果总体呈现分散的特征。张维迎（2004）在《大学的逻辑》一书中提出了大学治理要解决的核心问题，即采用何种制度安排确保大学实现其目标和理念。李维安和王世权（2013）提出，大学治理是指高校利益相关者基于各自的谈判力和效用目标博弈的结果。其立足利益相关者视角研究大学治理问题，强调了大学治理的本质是学术权力与行政权力之间博弈的概要表征。李福华（2012）通过大学治理与大学管理之间的对比，对大学治理的概念予以界定，他认为：大学治理是大学利益主体多元化以及所有权与管理权分离的情况下，协调大学各利益相关者的相互关系、降低代理成本、提升办学效益的一系列制度安排；大学治理与大学管理在目标、导向、主体、客体、实施基础、实施手段、层级结构、沟通方向、政府作用和资金结构等方面都存在显著区别，两者之间存在时间边界、规模边界和制度边界。对于大学治理的内涵，王洪才（2015）分别从结果、手段、结构、目标四个层面进行阐述：大学治理可以实现学校内部整体较为和谐、均衡的状态；大学治理是有效解决大学管理与发展过程中出现的各类问题的手段；大学治理可以基于利益相关者构建多元主体参与的共同治理结构；大学治理可以促进高校建立基于共同价值追求的共同文化。对于大学治理制度形式，国内学者甘永涛（2007）提出了大学治理的三种模式，即以内部人监督为主的关系型治理结构模式、以国家监督为主的行政型治理模式以及以中介机构监督为主的复合型治理结构模式。别敦荣（2018）提出，美国的大学治理以分享治理为主，而欧洲国家的大学的治理则以共同治理为主。所谓共同治理，是指在共同体理念下，学校各利益主体通过有效协商来实现大学治理。李立国（2017）认为，在知识进步与大学职能扩展的过程中，大学发展的逻辑演变成学术逻辑、社会逻辑与市场逻辑并存的多维逻辑体系，由此改变着大学的治理体系。为了获取资源和吸纳资源，高校要迎合社会需求和市场，要采用一些可以量化的企业管理方式，由此导致了高校管理的行政化与企业化。市场力量的渗透对大学管理、评价与治理均产生了深刻的影响，高等教育体系从理念、制度到模式正在发生深刻变革。

二、关于民办高校法人治理的相关研究

随着民办高校的快速发展，其日渐成为我国高等教育体系的重要组成部分。同时，民办高校法人治理的相关问题日渐成为学术领域的研究重点。民办高校法人治理问题是大学治理问题在民办高等教育领域的延伸。学术领域围绕民办高校法人治理开展的研究涉及法人治理要素、法人治理结构、法人治理模式、法人治理机制、法人治理现状等诸多方面。

（一）关于民办高校法人治理要素的研究

从民办高校内部治理的本意来看，其法人治理要素通常由三部分构成，即治理主体（谁来治理）、治理内容（治理什么）以及治理方法（如何治理）等。

从治理主体来看，多数学者普遍从利益相关者理论出发。例如，石猛（2017）认为，民办高校治理主体可大致分为一般利益主体和核心利益主体。所谓核心利益主体通常是指对民办高校生存与发展产生直接影响的主体，如民办高校投资者。理论上民办高校的投资主要有两个方面，即资金投入和人力资本投入。一般而言，民办高校有举办者与办学者之分。举办者通常投入资金，而办学者则是投入人力资本。举办者作为民办高校投入资金的主体，承担着经营风险，是核心利益主体。而民办高校的办学者通常包括以校长为首的行政团队，也是核心利益主体。鲍德里奇（Baldridge）认为，高校中存在着不同的利益主体，且各利益主体之间存在不可避免的矛盾，而提升各利益主体在决策中的参与度可有效地缓解矛盾。例如，在民办高校法人治理中，教师亦是大学治理主体之一，引导教师参与决策与治理是一种内部追求，体现的是学术自由精神和民主管理理念。在美国许多私立高校中，教师通常具备参与学术决策的权利。同时，教师、董事会、校长等均是大学治理的主体，分别承担各自的职责，又相互制

衡，形成大学共同治理结构。别敦荣（2018）认为，大学治理需要多方治理主体合作共治，但各利益主体在大学治理结构中并不具备同等的地位和权利。教师是民办高校法人治理的一般利益相关者，而学生作为利益主体更多地体现在教育教学过程中。实践中，教师参与决策权利的不足以及学生主体性的缺失等都在一定程度上对民办高校法人治理造成影响。在民办高校法人治理研究中，研究者越来越关注教师、学生等作为民办高校法人治理主体的参与。

从治理内容来看，民办高校法人治理存在的问题及调整是民办高校法人治理的主要内容所在，解决的是治理什么的问题。在民办高校快速发展的背景下，学术界关于民办高校法人治理的相关研究越来越多，大多学者从内外部两个角度分析法人治理问题对民办高校健康发展的影响。董圣足和王邦永（2007）指出，民办高校法人治理的主要问题涉及四个方面：第一，民办高校经营管理权与所有权的划分问题；第二，民办高校利益相关者的职、责、权关系问题；第三，民办高校法人治理内部结构设置问题；第四，民办高校内部章程等规章制度建设问题。黄琴（2011）认为，民办高校法人治理的关键在于解决法人治理结构不完善、领导班子老化以及法人财产权落实不到位等问题。严晓蕾（2017）在阐述民办高校法人治理的学术属性、公益属性、产业属性以及行政属性等特征基础上，指出民办高校法人治理主要面临法律法规缺失、董事会运行效率低、监督缺位虚化等问题。

从治理方法来看，民办高校采用何种治理工具解决法人治理问题是研究重点所在，解决的是如何治理的问题。对此，魏冰玲（2012）提出，应从法人治理规范化、筹资多元化以及教育市场化等方面解决民办高校存在的法人地位和性质模糊不清、法人治理结构不完善等问题。严晓蕾（2017）认为，应当从健全民办教育法律法规、树立董事会决策地位以及完善决策监督机构的层面解决民办高校法人治理问题。张娜（2020）认为，在解决民办高校法人治理问题时，应遵循程序符合要求、以人为本、依法治校以及"责、权、利"划分和权力制衡等原则，通过办学章程规范化、健全董事会制度以及完善校长负责制等方面入手。同时，张娜（2020）还指出，应从健全民办高校相关法律法规和正确处理与地方政府关系层面优化民办高校法人治理的外部环境。

（二）关于民办高校法人治理结构的研究

民办高校法人治理结构对民办高校的建设、运行以及发展有着决定性的影响。民办高校法人治理结构的概念是在借鉴公司治理结构理论的基础上，结合民办高校特征提出的。结合国内学者对民办高校法人治理结构概念的界定，民办高校法人治理结构可以理解为：建立在财产权制度基础上，为实现民办高校办学目标，通过对内部治理的组织机构设置及其相互之间权力配置、制衡与激励等所进行的制度安排，以及对高校与外部利益相关者等关系进行处理的机制安排。

《民办教育促进法》对民办高校法人治理结构作出了规定："民办学校应当设立学校理事会、董事会或其他形式的决策机构，并建立相应的监督机制。"依据《民办教育促进法》的规定，民办高校法人治理应形成分权制衡的机制，突出董事会的权力及监督制度、兼顾教育公益性目标与营利目标的制度以及依据法律完善法人治理结构。熊汉潮（2004）提出，民办高校采用董事会领导下的校长负责制，实现所有权与经营权的分离以及举办者与办学者的分离。民办高校依法组建董事会，推选董事长，在董事会的领导下实行校长负责制。董事长是举办者的代表，掌握着民办学校的所有权，而通过遴选确定的校长作为办学者，依据章程制度拥有学校的管理权，这样就实现了所有权与经营权的分离。文川等（2018）在对比了民办高校与公办高校法人治理结构的共性与差异性后指出，由于产权关系与公办高校不同，民办高校与公办高校法人结构的不同主要体现在法人结构顶层,即领导机构的设置和权力特点、领导机构之间的关系等方面。具体而言:第一,领导机构的设置和权力特点。民办高校依法设立董事会、理事会或其他决策机构,负责包括校长聘任和解聘、发展规划、章程制度建设等在内的一系列重大决策。在决策方式上,民办高校通常采用的是董事会投票表决。民办高校法人代表通常由理事长、董事长或校长担任。民办高校校长由董事会聘任,负责校内管理、教育运行以及落实董事会决策。第二,领导机构之间的关系。民办高校中,校长与董事会之间是基于信任建立的聘用关系。同时,民办高校党委的职责通常是政治上的领导、决策上的参与以及办学行为上的监督。

(三)关于民办高校法人治理模式的研究

欧美国家关于私立大学法人治理模式的研究及实践起步较早,积累了较为丰富的理论成果和实践经验,形成了相对固定的法人治理模式。而我国民办高校法人治理的相关研究随着民办高校的兴起和发展而日渐兴起,在法人治理的研究和实践层面上依然存在着一些问题和挑战。英、美、日、德模式以及家族模式等法人治理模式的经验,以及我国民办高校法人治理的探索实际,对于本研究的开展具有重要的借鉴和指导意义。

1. 欧美私立大学在法人治理方面的探索

1)以美国为代表的董事会治理模式

美国私立大学普遍采用的是董事会领导下的校长负责制,该模式通常分为两级治理层级。其中,董事会负责各项重大决策,居于学校治理模式的顶端,是最高的决策机构和权力机构,享有裁决学校事务的全权。美国的一些非营利性大学通常采用的是由董事会、校长(行政体系)与大学评议会或教授会构成的法人治理结构。其法人治理模式是立足利益相关者理论,兼顾各利益主体的利益,即无论是学校的捐资人、地方政府,还是校长、教师、行政人员、学生，均以不同形式参与学校治理。在分权与监督、约束与激励等基本治理机制下，美国非营利性大学中的董事会、校长与评议会等治理主体之间形成了有效结合。美国营利性大学多采用股东型治理结构和集中制权力模式。其中，员工可通过持有股票等方式参与学校治理，而校长则类似于企业老板的身份。

2）以日本为代表的集权治理模式

日本私立大学内部法人治理结构由三方面构成：理事会、监事会和评议会，它们各自行使职责但又彼此制约，形成了一种较为民主的自律机制。日本私立大学建立了由内部人员构成的理事会，并通过建立监事制度，要求理事会内部人员不得在私立大学内担任职务，从而有效地实现了对理事会内部人员的防控。在日本，私立大学的法人治理结构依然采用的是一种分权与制衡的机制。例如，日本《私立学校法》中第35条要求私立学校法人必须设立监事且人数为两人以上，并在第37条中规定了监事的职责。

3）以英、德为代表的学术权力占主导的模式

英国私立大学普遍采用的是三级治理模式，即校、学院、系。其中，校级治理层由校务委员会、理事会、评议会以及大学执行校长等构成。英国私立大学采用的治理模式与美国类似，均是基于利益相关者的共同治理模式。其中，校务委员会的职责在于监督、审议学校的活动；理事会负责学校各项政策的制定和执行；评议会则是专门针对学术层面的机构，由校长、副校长及教授组成。德国私立大学普遍采用的治理模式鲜明地体现出了教授治学的特征，在德国私立大学的内部管理制度中，学校为教授提供了更多的自主权与自由权。德国的私立大学多是以公司、社团、组织的名义注册建立或管理的，其在管理体制上沿袭了公立大学的学术自由和教授治校的传统。

2. 民办高校法人治理模式的主要类型研究

不同的学者对民办高校法人治理模式的划分提出了不同的看法。徐绪卿（2012）在《我国民办高校内部管理体制改革和创新研究》中提出了人力资本控制模式、股东控制模式以及共同治理模式三种类型。王维坤和张德祥（2018）则根据出资者控制权与教职工控制权强弱的不同，将我国民办高校的内部治理结构划分为松散型治理结构、人力资本单边治理结构、出资者单边治理结构、关键利益相关者共同治理结构四种类型。施文妹和周海涛（2019）提出了五种民办高校内部治理模式，即松散结合型治理模式、专家单边治理模式、出资者单边治理模式、双重（多边）治理模式以及利益相关者共同治理模式，如表 1-1 所示。

表 1-1　施文妹、周海涛等提出的民办高校五种治理模式

类别	松散结合型治理模式	专家单边治理模式	出资者单边治理模式	双重(多边)治理模式	利益相关者治理模式
学校特征	无原始投入，滚动发展	投入较少或无投入，滚动发展	企业投入，滚动发展	多元主体合作举办，如校企合作、中外合作	非营利性
治理特征	松散治理	专家治校	举办者控制	分权治理	共同治理
优势	权力平等，无绝对控制权	政令统一，决策迅速	办学资金有保障，学校管理效率高	权力适当让渡，实现部分权力制衡	多元主体参与，利益相关者彼此分权制衡，有效协调
不足	缺乏稳定性和秩序性	缺乏稳定性和可持续性	缺乏有效的利益制衡机制，与教育规律相悖	利益相关者参与度较低，制衡机制效果有限	亟需建立科学有效的运行机制，避免出现决策效率和治理效率低下问题

张彦颖（2021）依据营利性民办高校利益相关者权力配置、地位与作用，并结合我国民办高校相关法律法规的变迁和民办高

校的发展情况，对法人治理模式进行具体划分，提出三种主要类型，即单边治理模式、双边治理模式以及基于利益相关者理论的共同治理模式。

第一，单边治理模式。法人治理结构在1997年颁行的《社会力量办学条例》中首次被提及，在2003年实施的《民办教育促进法》中被正式明确。随着我国民办教育法律法规的不断修订和逐步完善，我国民办高校形成了董事会领导下的校长负责制这一基本的民办高校法人治理模式。在这种治理模式下，民办高校的管理权集中在举办者手中，从而提升了民办高校的管理决策效率。但是，单边治理模式因缺乏足够的民主参与和权力监督，在一定程度上影响了民办高校管理决策的科学性，进而容易引发办学风险。同时，由于营利性民办高校具备营利性和公益性双重属性，单边治理模式可能会与家族化办学相关联。例如，董事会成员由家族成员构成，董事长与校长之间内外结合的治理模式被打破，形成二合一的治理模式，势必会造成权力过度集中，这不仅会影响决策的科学性，更无法保证民办高校的教育公益性，进而影响民办高校的良性运行和可持续发展。

第二，双边治理模式。随着经济的快速发展和社会进步，更多社会力量进入民办高等教育领域。这一方面有力地推动了我国民办教育的快速发展，另一方面也不可避免地引发了许多不规范的办学行为。为了保障民办高校相关利益主体的合法权益和学校的健康发展，2006年，国务院办公厅发布了《关于加强民办高校规范管理引导民办高等教育健康发展的通知》，提出民办高校要建立健全党团组织，依法建立政府对民办高校的督导制度，落实法人财产权。这是政府参与民办高校治理的模式，即政府与民办高校出资者共同参与学校管理，形成对出资者控制权的有效规范和约束。双边治理模式的特征在于分权治理，让渡部分权利，实现部分制衡。但是，其依然存在一定的局限性。例如，利益相关者参与度较低,利益制衡机制的作用有限等。

第三,基于利益相关者理论的共同治理模式。随着《民办教育促进法》的修订,民办学校分类管理改革逐步推进。在分类管理制度下,民办高校可以自主选择登记为营利性或非营利性法人。同时,《民办教育促进法》要求民办高校在办学过程中必须建立起完善的法人治理结构、决策机制以及监督机制,明确了学校章程应作为民办高校建设与管理的基本依据。当前,我国民办高校进入内涵式高质量发展阶段,依法办学、学生主体性参与、教授治学等一系列新的理念逐步被重视起来,以往双边或单边治理机制面临挑战。在此背景下,基于利益相关者理论的共同治理模式应运而生。在共同治理模式下,围绕民办高校的办学目标,民办高校出资者、行政管理人员、教师、学生、校友、政府等多元利益相关者,依法在民办高校相关事务中参与相关决策。在共同治理模式下,各利益相关者应有的地位和权利得到充分的尊重,从而更好地促进了民办高校组织绩效的提升、内部治理的优化,实现了民办高校的良性运行。

此外,在围绕民办高校法人治理问题的研究中,有学者关注到"民办高校内部治理的家族化"问题。石猛(2017)指出,家族化的民办高校内部治理模式具有利益相关程度高、决策相对集中以及家族荣誉感强等优势,对民办高校的运行与发展有着积极的作用。但他同时指出,过度家族化会引发家族利益与公共利益的冲突、家族权力与权力制衡的冲突以及家族主导与利益相关者参与的矛盾等问题。李晓科(2018)指出,国内不少民办高校董事会组成不规范,存在明显的家族化以及家族成员"一言堂"等严重问题,这会造成民办高校法人治理结构不完善问题,从而对民办高校发展及运行产生负面影响。为了应对家族化办学带来的不利影响,日本相关法律规定,私立学校中的理事、监事以及校长等职务不得由三等亲以内的亲属同时担任。我国台湾地区也有类似规定，要求董事会中血亲和姻亲关系人占比不得超过三分之一，董事长及其配偶、血亲等不得担任校长以及董事长，董事长配偶及其三辈内血亲不得担任学校的总务、会计、人事等相关职务。

（四）关于民办高校法人治理机制的研究

约束机制是指利益相关者及时而客观地针对民办高校经营者的经营决策、经营行为以及经营结果等所开展的审查、监察与督导等行动。如何建立有效的约束机制，一直是民办高校法人治理机制的研究重点。对于民办高校法人治理机制的研究，学者们主要从监督机制、激励机制、信息披露机制等层面展开。董圣足（2010）指出，民办高校应构建"决策—执行—监督"三位一体的法人治理机制，通过设立监督机构强化民主监督，形成与决策机构、执行机构之间相互制衡的关系。同时，董圣足提出，要基于我国国情特色建立校长准入、培训、遴选、激励与约束等机制，将之作为民办高校法人治理机制应重点解决的问题。陶西平和王佐书（2010）从民办高校法人治理中的监事会制度出发，提出应建立起有效的激励和约束机制，实现对监事工作的合理报偿，以确保其履行应有的监督义务，发挥其在民办高校法人治理中应有的作用。夏季亭和王蕾（2012）强调了激励机制在民办高校法人治理中的重要性，指出应建立制度化的激励机制，提升教师对收入、学术环境、社会地位的预期，以公平高效的激励机制激发民办高校教师的积极性和创造力。张利国（2016）提出，我国民办高校可以借鉴日本、韩国等国家的经验，建立以监事会为核心的内部监督机制，也可借鉴英、美等国家的经验，建立信息披露制度、教职工民主参与制度等。2016年，中国发展出版社出版的《社会政策重点领域改革研究》提出要探索民办教育信息披露机制，定期向社会发布公告。同时，该书还提出要依法建立民办学校认知评估体系和督导评估制度，依法规范民办学校的办学行为。

三、关于营利性民办高校法人治理的相关研究

不同国家对营利性民办高校的称谓有所差别,但这些称谓从本质上均可理解为"营利性大学"。学者罗纳德·G. 埃伦伯格指出,营利性大学与非营利性大学之间在诸多方面存在差异,具体体现在学校章程、规则制度、决策方式等方面。在营利性大学中,举办者的控制权决定了教授、管理者、董事会等利益相关者之间的关系性质。董事会和管理层的目标是建构一种能够形成高效生产力的雇佣关系,尤其是为那些难以衡量绩效的领域提供激励。美国营利性私立高校采用的法人治理结构是:股东大会任命董事会,董事会任命校长,校长领导教学人员和专业管理人员共同管理学生及相关大学事务。其采用的是科层制治理模式。营利性私立高校的出现使得从事营利性高等教育在美国成为现实。金子元久和鲍威(2005)对现实中营利性大学运营管理模式的多样化发展趋势进行了分析。他们指出:美国营利性大学的运营管理模式体现了母公司控制的特征;日本营利性大学与母公司的关系是法人与内部营业部门的关系,日本营利性大学并非独立法人,内部不设置董事会;韩国多数营利性大学利用社会捐资设置小规模的财团,并由该财团委托营利性公司对大学进行管理。查明辉(2014)指出,美国的营利性大学兼具学术机构和商业机构的双重属性,在不同领域其身份有所不同:在经济领域它们以企业身份存在,而在教育领域则被划入营利性高等学校。从大学法人治理模式的角度来看,美国营利性大学的治理模式与企业模式相接近,即在各项重大决策中董事会与校长具备较大的决策权。高晓杰(2006)以美国七家营利性高等教育机构为例,从产权制度的视角出发,分析了营利性大学的法人治理结构,指出其治理结构由股东大会、董事会、经理层和监事会组成。这一结构决定了营利性高等教育机构中利益相关者如何配置权力、如何建立监督机

制、如何构建约束机制和激励机制等。此外，由于独立董事占据较高比重，重视发挥监事会作用也是营利性高校法人治理的重要特征之一。鞠光宇（2016）指出，国外营利性高校法人治理结构的显著特征体现在两个方面：第一，外部组织结构特征在于多数大学采用"控制公司＋大学"的组织结构，而少数大学在组织机构层面采用的是单一法人模式；第二，从内部治理结构来看，营利性高校多采用以行政权力为主导的架构体系，其中学术权力被弱化，处于被支配地位。戴科栋（2014）以美国营利性大学为例，提出引入股权激励机制可以促进营利性大学治理结构的最优化。同时，他提出应采用股权激励的方式激励营利性大学中的董事会、管理人员以及员工，从而提升营利性大学的治理效率。吴玫（2018）以美国营利性高校为例，指出学校应引入市场化经营和管理的做法，实现营利性高校治理逻辑，以解决自身效率低下的问题，但不可因追求利润而忽视大学作为知识中心的作用。吴宜男（2020）指出，应当从明晰各机构职权、加强政策支持、制定合理有用的监督管理体系等方面进行营利性民办高校法人治理，实现其良性运行和健康发展。张彦颖（2021）认为，我国营利性民办高校应当建立权力制衡的法人治理模式，强化党组织的政治核心作用，加强政府外部监管。

四、文献述评

随着民办高校的发展，民办高校法人治理问题日渐受到了国内外学者的重点关注。从我国国内的研究情况来看，随着《民办教育促进法》的颁布和实施，围绕营利性民办高校法人治理问题的研究日渐成为民办高校法人治理研究的新方向和新热点。通过对民办高校法人治理、法人治理结构、法人治理机制等相关研究文献的梳理和归纳，下面我们主要围绕现有研究的贡献、启示以及不足进行评述。

（一）现有研究的贡献及启示

我们通过对相关研究情况进行的梳理可以看出，现有研究的主要贡献及启示集中体现在如下四个方面。

第一，研究者对营利性民办高校与公立高校之间的共性与差异有清晰的把握，他们结合国家政策文件，将营利性民办高校、非营利性民办高校与公立高校进行了对比。随着《民办教育促进法》的颁布实施以及三次修订与完善，国家赋予了营利性民办高校明确的法律地位，从法律层面上对营利性民办高校和非营利性民办高校进行了区分。这有助于我们更好地把握营利性民办高校的特征和发展规律，从而更好地围绕营利性民办高校法人治理问题展开研究。

第二，研究者围绕民办高校法人治理要素进行的相关研究为本书提供了基本的研究逻辑。民办高校法人治理的三大要素分别回答了"谁来治理""治理什么"以及"如何治理"的问题。基于这一研究逻辑，在研究营利性民办高校法人治理问题时，本书在对营利性民办高校法人治理的必要性进行分析的基础上，针对现阶段营利性民办高校面临的主要问题及成因等进行分析，力求从监督机制、风险防范机制、内部控制机制、激励约束机制等层面探索解决营利性民办高校法人治理问题，找到进一步改善营利性民办高校法人治理的路径。

第三，研究者围绕民办高校法人治理机制的相关研究对探索解决营利性民办高校法人治理问题有重要的启示。相关研究围绕民办高校法人治理机制，提出引入激励和约束机制、监督机制、信息披露机制等，强调民办高校应突出"决策—执行—监督"三位一体的法人治理机制，确保科学决策、高效执行和有效监督。这对于营利性民办高校法人治理机制的构建具有重要的启示，例如，营利性民办高校在法人治理过程中应充分发挥风险防范机制、激励机制、监督机制的重要作用。

第四，研究者从不同角度对民办高校法人治理模式提出了各自的看法，为营利性民办高校法人治理提供了借鉴思路。例如，徐绪卿提出的民办高校法人治理模式的三种类型，王维坤等提出的四种民办高校治理结构，以及施文妹和周海涛（2019）提出的民办高校五种治理模式，都是立足我国民办高校发展规律及相关法律法规的演变而形成的分类。张彦颖（2021）以营利性民办高校为对象，提出将其法人治理模式划分为单边治理模式、双边治理模式以及共同治理模式三大类型。立足现有文献的研究成果，本书构建了基于利益相关者理论的营利性民办高校法人治理框架，通过形成各利益相关者之间相互制衡的关系，探索营利性民办高校良性运行和健康发展的具体实现路径。

（二）现有研究存在的不足

现有学者的研究成果在为本研究提供重要借鉴和启示的同时，也存在着一些不足之处，主要体现在以下四个方面。

第一，现有研究大多以民办高校整体为研究对象，较少针对营利性民办高校法人治理展开专门研究。

第二，民办高校法人治理问题是一个复杂的问题，现有研究大多从单一视角出发进行专门性的研究，较少有系统性的研究，无法全面地把握研究对象的全貌。

第三，从方法论的角度来看，现有研究以规范研究为主，主要采用的是文献研究法，辅之以一定的实地调查和案例分析，实证研究的范围和深度都比较有限，围绕相关实际问题的研究不够透彻，实践指导性存在不足。

第四，就营利性高校法人治理问题的研究而言，介绍发达国家营利性高校法人治理做法及特征的研究居多，结合我国立法以及高校管理实践的研究较少，本土化借鉴的成果存在较多空白。

基于以上背景，本书尝试运用文献研究法、问卷调查法、比较研究法等研究方法，围绕分类管理制度下营利性民办高校法人治理问题，从利益相关者视角、政府外部监管需要、资本市场对内部控制的要求等方面，分析营利性民办高校法人治理问题的成因，并在此基础上提出解决营利性民办高校法人治理问题的建议和举措。

第四节 研究设计

一、研究对象

本书以营利性民办高校法人治理为研究对象，从多角度、宽视野围绕营利性民办高校法人治理中的相关问题展开研究分析和探讨。

二、研究思路

本书在产权理论、利益相关者理论、外部治理理论、内部控制理论等理论的指导下，通过文献研究法、问卷调查法以及比较研究法等研究方法，在分析和阐述我国民办高等教育的发展及特点、分类管理改革、营利性民办高校的产生、营利性民办高校法人治理的外部要求等内容的基础上，运用问卷调查法厘清营利性民办高校法人治理存在的主要问题，并从利益相关者视角、政府外部监管需要、资本市场对内部控制的要求等方面，分析营利性民办高校法人治理问题的成因，最后提出营利性民办高校应从构建正确的法人治理基本原则、系统的外部治理制度、合理的内部治理结构、内部控制和风险管理体系，以及以章程为统领完善法人治理实现机制等方面解决法人治理面临的问题。

三、研究方法

营利性民办高校法人治理问题是一个相对复杂的研究课题。本书采用文献研究法、问卷调查法以及比较研究法等研究方法，从多角度、宽视野围绕营利性民办高校法人治理问题进行探讨。

（一）文献研究法

文献研究法是本书采用的基本研究方法之一。在确定选题之后，作者通过中国知网、万方数据库等平台和途径，广泛搜集与本书主题直接或间接相关的国内外学术期刊、学位论文、专著图书等文献资料，围绕"分类管理""公司治理""大学治理""民办高校治理"等关键词对相关文献开展综述性研究。在对所搜集的文献资料进行详尽阅读、梳理、分析、归类以及述评的基础上，作者分析了与民办高校法人治理及营利性民办高校法人治理相关的研究现状，总结了现有研究存在的不足。同时，作者通过文献阅读和分析，总结了对本书有益的理论和观点，为本书的编写奠定了理论基础、提供了文献支持。

（二）问卷调查法

作者通过针对营利性民办高校的管理层和师生开展问卷调查，梳理不同主体对营利性民办高校法人治理的目标和诉求，了解营利性民办高校法人治理的基本情况，为本书提供一手的调查资料。本书选取的问卷调查对象包括上海建桥学院、上海立达学院、上海思博职业技术学院、上海工商外国语职业学院、上海震旦职业学院、上海民远职业技术学院、江西科技学院、广东白云学院、海口经济学院、成都锦城学院、重庆外语外事学院、烟台科技学院、重庆人文科技学院、重庆电信职业学院、云南大学滇池学院、重庆工商大学派斯学院、西南交通大学希望学院、贵州财经大学商务学院、贵州大学科技学院、银川能源学院、南昌大学共青学院、云南工商学院、湖北民族大学科技学院、哈尔滨华德学院、兰州理工大学技术工程学院、贵州工商职业学院、洛阳科技职业学院、广西英华国际职业学院、安徽新华学院、南京财经大学红山学院 30 所高校，采用问卷星在线调查系统发放在线问卷 625 份，收回有效问卷 542 份。

（三）比较研究法

通过比较研究法，本书重点以美国营利性高校治理为参照，概括了美国营利性高校内部治理的典型特征，重点总结了美国营利性高校外部治理的实践与经验，并结合我国营利性民办高校法人治理的实际需求，重点对我国营利性民办高校的几种典型治理模式，如人力资本单边治理、出资者单边治理以及利益相关者治理进行了比较分析，对其内涵和特征进行了概括。

四、研究目标

本书的主要研究目标是围绕营利性民办高校法人治理问题，为构建和完善营利性民办高校法人治理结构，实现营利性民办高校规范办学、科学管理、良性运行，继而促进营利性民办高校的持续健康发展提供理论和实践指导。本书的研究目标具体包括以下五个子目标。

第一，基于营利性民办高校的现状与问题，探寻营利性民办高校法人治理构建过程中应遵循的基本原则。

第二，从外部治理角度入手，从强化党组织地位功能作用、建立健全市场配置资源机制、不断完善政策体系、全面强化政府各项监管制度、建立第三方评估鉴证制度等方面，探寻构建营利性民办高校外部治理的制度框架和实现路径。

第三，从利益相关者理论出发，提出从加强董事会建设、重视校长团队建设、健全内部监督体系和机制等方面着手，探索构建和完善营利性民办高校内部治理结构。

第四，从内部控制理论出发，探索构建营利性民办高校内部控制和风险管理体系。

第五，在分析民办高校章程建设存在的主要问题的基础上，以现代大学制度为框架，以章程为统领，完善法人治理实现机制，探索建立全面涵盖董事会、校长、党委、监事会以及教职工代表大会在内的"五位一体"的法人治理结构。

五、本书结构

本书共七章，下面对各章内容作简要介绍。

第一章为绪论，主要围绕营利性民办高校法人治理问题的提出、本书选题的理论意义和实践意义、营利性民办高校法人治理相关的研究现状及述评、本书的基本研究思路与研究框架等内容进行阐述，明确本书的主要问题、研究意义、研究现状与基础以及研究思路等。

第二章为营利性民办高校法人治理概述，首先对营利性、民办高校、法人治理等概念予以界定，提出产权理论、利益相关者理论、内部控制理论、外部治理理论等营利性组织治理常用的理论框架；其次结合国外大学主要治理模式的启示和经验，对我国民办高校治理的理论进行归纳分析，剖析人力资本单边治理、出资者单边治理以及利益相关者治理等不同治理模式的内涵及特征。

第三章为营利性民办高校法人治理的现实基础，主要围绕我国营利性民办高校发展的历史背景与现实环境展开讨论，通过分析和阐述我国民办高等教育的发展及特点、分类管理改革及营利性学校的产生、营利性民办高校法人治理的外部要求等，概述了当前国内营利性民办高校发展的主要背景与现实环境。

第四章为营利性民办高校法人治理现状调查与分析。本章首先以30所民办高校作为研究调查对象，针对管理层和师生开展问卷调查，梳理营利性民办高校法人治理的目标和诉求，了解营利性民办高校法人治理的基本情况；其次通过调查结果反馈统计梳理营利性民办高校法人治理的主要问题，指出营利性民办高校法人治理中存在着内部人控制问题较突出、内部授权体系不够科学、风险控制机制普遍缺失以及监督机制不能有效发挥作用等问题。

第五章为营利性民办高校法人治理问题成因分析。本章主要立足营利性民办高校法人治理中存在的问题，从利益相关者视角、政府外部监管需要、资本市场对内部控制的要求等多元视角，分析营利性民办高校法人治理问题的成因。

第六章为完善营利性民办高校法人治理的路径及策略。本章就如何破解现实中营利性民办高校法人治理存在的突出问题提出了具体的对策建议。这些对策建议包括但不限于以下方面：在多元共治的视角下，树立正确的营利性民办高校法人治理原则；通过不断完善配套政策法规构建系统的营利性民办高校外部治理制度；在平衡多元主体利益诉求的基础上进一步完善营利性民办高校内部治理结构；不断强化营利性民办高校内部控制和风险管理体系建设；以章程为统领完善营利性民办高校法人治理实现机制。

第七章为结论、创新与展望。本章归纳了全书的核心观点和结论，分析了本书的创新与不足之处，同时从"举办者在营利性民办高校法人治理中的新定位""强化对营利性民办高校的内外部监督将成为新趋势""内部控制和风险管理将是法人治理的新重点"三方面提出未来的研究方向。

第二章

营利性民办高校法人治理概述

第一节 概念界定

一、营利性与非营利性

营利性与非营利性是两个相对的概念。我们在对两者进行区分时,应先对"营利"一词的内涵予以准确把握。"营利"不同于"盈利"或"赢利"。"赢利"强调的是获取利润,而"盈利"则指的是通过经营最终有所盈余。无论是"盈利"还是"赢利",都是强调经营活动之后所获取的结果,而"营利"侧重强调在经营活动过程中对于经济利益的追求,是一种动机或目的,其最终是否获得盈余则是不确定的。与"营利"的概念相对,"非营利"则是在经营活动中不以追求经济利益为目的。

在我国教育领域,《中华人民共和国教育法》(以下简称《教育法》)对非营利性办学作出了规定,要求任何教育机构不得以营利为目的,这在一定程度上明确了社会组织或个人创办的学校或教育机构应为非营利性性质。随着民办教育的发展,2003年实施的《民办教育促进法》在强调不以营利为目的的办学前提下,引入了"合理回报"的概念。在民办高校分类管理改革的进程中,越来越多的学者提出了营利性和非营利性民办高校之分。2015年12月27日,全国人大常委会在修订《教育法》和《中华人民共和国高等教育法》(以下简称《高等教育法》)时,删除了教育和高等教育不得以营利为目的的相关条款,这为营利性民办高校的出现破除了基本的法律障碍。随后，2016年修订的《民办教育促进法》从法律层面上正式确立了民办学校分类管理制度。在民办学校分类管理制度下，营利性民办高校与非营利性民办高校在扶持政策等诸多方面存在差异：从法人登记的角度来看，营利性民办高校属于营利法人，其通常是以企业法人形式出现，而非营利性民办高校属于非营利法人，通常以民办非企业单位法人或事业单位法人的形式出现；从办学结余分配的角度来看，营利性民办高校可依据《中华人民共和国公司法》（以下简称《公司法》）的规定处理办学结余，而非营利性民办高校举办者不可取得办学收益；从收费管制的角度来看，营利性民办高校可以自主决定收费标准，并依据市场进行调节，而非营利性民办高校则由省级政府统一制定收费办法；从财产权的安排来看，营利性民办高校举办者享有办学终止时的剩余财产索取权，而非营利性民办高校办学终止时的剩余财产归社会所有。从我国有关民办教育的立法实践和民办高校的发展来看，关于营利性与非营利性的争论推进了分类管理制度的提出与形成。

  从法律意义上来说，营利性和非营利性的概念是清晰的，但具体到民办教育领域，两者之间则呈现出由于教育的独特属性所带来的特征差异，主要表现为教育的营利性和公益性之间的统一和平衡问题。公益性是指事物所表现出的属性和行为具有有益于公众的属性。在教育领域，公益性则是指通过实施各项教育活动培育人才，并对国家建设、经济发展、科技创新以及社会进步等带来连带好处和利益的天然属性。从本质上来讲，教育的营利性与非营利性是教育"由谁提供"和"怎么提供"的问题。公益性是各阶段学校依法办学的根本前提和指导思想。对民办教育而言，不论举办者是否选择营利性办学，其都具备公益性的特征。但是，在民办教育领域，营利性与公益性之间的争论与博弈从未停止。有学者认为，在民办教育领域，公益性与营利性之间并非只居其一的矛盾关系，民办教育如果能够实现公益性与营利性的有机统一与平衡，则能更好地健康发展。立足本书研究内容，公益性侧重强调的是民办高校所实施的教育活动在社会层面上产生的影响，而营利性则是强调民办高校在办学过程中的办学行为规范和办学结余处置等相关的架构设计等。有鉴于此，营利性与公益性之间并不冲突，并非同一范畴的矛盾，并不存在天然的对立关系。《国务院关于鼓励社会力量兴办教育促进民办教育健康发展的若干意见》（国发〔2016〕81号）强调"坚持教育的公益属性，无论是非营利性民办学校还是营利性民办学校都要始终把社会效益放在首位"，从法规政策层面上明确了公益性和营利性并不矛盾，但公益性应该是营利性民办学校的首要价值追求。民办高校在追求营利性的基础上，亦可实现自身公益性品质的提升。对营利性民办高校而言，公益性也是其客观属性之一，即为社会公众提供差异化、高质量的教育服务。同时，从社会属性的角度看，营利性民办高校虽然追逐办学结余的分配，但为社会供给优秀的人才也是其使命所在。营利性民办高校大多是地方应用型高校，培育大量高素质应用型人才，为促进区域经济社会的发展发挥了积极的作用，具有巨大的公共社会效益。与非营利性民办教育的公益性相比，营利性民办教育的公益性行为更加具备市场化的特征，在保证人才培养质量的前提下，更加注重通过市场化运作机制实现内部高效管理，从而取得合理的办学结余。总之，在教育领域，营利性与公益性之间并非一定是冲突、矛盾、对立的关系。

二、民办高校

民办高校与其他高等教育机构一样，为社会公众提供高等教育服务产品。《民办高等学校设置暂行规定》提出：民办高等学校系指除国家机关和国有企事业组织以外的各种社会组织以及公民个人自筹资金，依照该规定设立的实施高等学历教育的教育机构。同时，《民办教育促进法》也对民办学校的概念予以界定，即民办学校是指由国家机构以外的社会组织或者个人，利用非国家财政性经费，面向社会举办的学校及其他教育机构。可见，决定民办学校范畴的关键性标准主要有两项：一个是举办主体特征，另一个是经费来源特征。本书认为，民办高校是依据国家法律法规，经过教育主管部门批准设立的，由政府部门及其相关机构以外的民间个人或组织，利用非国家财政资金开办的以开展高等学历教育为主的教育机构。

三、营利性组织与非营利性组织

营利性组织与非营利性组织是公共关系领域的概念。社会组织是公共关系的主体，而社会组织根据是否营利可以分为营利性组织与非营利性组织。营利性组织是指以营利为目的的社会组织，是通过工商行政部门核准、登记以及注册的具备独立法人资格的单位。其营利性的特征主要体现在自主经营、独立核算以及自负盈亏等方面。营利性组织追求的是经济利益最大化，其在日常经营管理中较多地引入了商业性、独立性、竞争性以及经营性等机制。营利性组织一般包括企业、公司以及其他各种经营性组织。而企业是最常见的营利性组织，如工厂、商店、酒店等。非营利性组织是指不以获取利润为目的，且具备特定的社会目标的社会组织。不同的非营利性组织的工作目标与任务存在差异。非营利性组织包括红十字会、动物保护组织、环保机构等。营利性组织是以经济利益为导向、以营利为目的的组织，其通过向社会提供各种产品和服务来履行其经济职能。非营利性组织关注的是社会利益，履行社会职能，着力于维护社会秩序、维持社会稳定以及促进社会发展。非营利性组织通常可以分为三种主要的类型，即政府及其相关组织、民间和宗教组织以及事业组织。营利性组织与非营利性组织在社会生产和生活中承担不同功能，均是人们生存和社会进步必不可少的构成部分（表2-1）。本文所研究的营利性民办高校兼具学术机构和商业机构的双重性质，是一种融合了企业特征和学术机构特征的独特机构。

表2-1 营利性组织与非营利性组织对比

对比项	营利性组织	非营利性组织
设立目的	以营利为目的，追求经济回报	不以营利为目的，以促进公益为宗旨
资金来源	出资人直接投资或经营收入	政府资助、社会捐赠、服务收入及其他合法收入
结余分配	可以分配	不可以分配
剩余财产处理	按合同、章程有关条款处理	按规定继续用于社会公益事业
典型代表	工厂、商店、酒店等	红十字会、动物保护组织、环保机构等

四、营利性民办高校

在汉语释义中，"营利"通常是指谋取利润。因此，营利性民办高校是指以获取利润为目的的具有企业性质的高等教育机构。营利性民办高校是伴随着我国分类管理政策实施而出现的特殊类型高校。2016年修订的《民办教育促进法》明确规定将民办高校分为营利性民办高校和非营利性民办高校，并对其实施分类管理，民办高校举办者可以自主选择登记为营利性民办高校或非营利性民办高校。但是，两者都必须以公益性为导向。其中，非营利性民办高校是纯公益性机构，而营利性民办高校兼具营利性和公益性双重属性，由政府部门引导其坚持公益性的发展方向。非营利性民办高校举办者不得通过办学获取收益，其在办学过程中产生的全部结余将继续投入学校建设发展当中。与非营利性民办高校不同，营利性民办高校举办者可以从办学中获取收益，依据《公司法》的规定进行处置，举办者对所投入的资产享有所有权，对获得的利润享有分配权，对剩余财产享有索取权。对于一所高校是否属于营利性民办高校，我们通常从三项基本要素来判断：第一，是否由非政府组织或个人举办；第二，是否采用非政府财政经费建设和运营；第三，是否是以营利为目的办学。由此可见，营利性民办高校是除国家机构以外的社会组织或者个人，利用除国家财政性经费及捐赠之外的资产，面向社会举办的以营利为目的的高等教育机构。

从法人本质来看，营利性民办高校属于需要经行业许可进入的公司制营利法人。从运行模式来看，营利性民办高校的运行模式与企业类似，将经济效益、获取利润纳入重要办学目标，与非营利性民办高校的公益性组织运作模式存在本质区别。从办学收益分配来看，营利性民办高校依据《公司法》的规定取得办学收益、分配办学利润和处置办学结余。营利性民办高校是典型的利益相关者机构，需兼顾举办者、教师、学生、政府等多元利益相关者的合理利益诉求。非营利性民办高校不可从办学中获取利润回报，且办学收益不可用于分配，只能再次进入教育公益事业当中。此外，从办学收费项目来看，营利性民办高校依据市场情况自主确定相关学费和收费标准，而非营利性民办高校主要由政府部门确定收费标准。

五、法人

在法律范畴中，法人是与自然人相对的一个抽象概念，是指依据法律规定的严格程序设立的，具备独立享受特定权利能力和行为能力、独立承担民事义务，且具有一定组织机构和独立财产支配权力的组织。根据《中华人民共和国民法典》（以下简称《民法典》）规定的法人定义可知："法人是具有民事权利能力和民事行为能力，依法独立享有民事权利和承担民事义务的组织。"法人的特征集中体现在四个方面：第一，法人是一种社会组织，是具有法律人格的组织集合体；第二，其具备了民事行为能力和民事权利能力；第三，法人依法应承担民事义务并享受民事权利；第四，法人依法承担民事责任。

《民法典》对法人的分类更为具体，将法人分为营利法人、非营利法人、特别法人三类。营利法人是指以取得利润并分配给股东等出资人为目的法人。其特征包括依法设立法人代表、依法制定法人章程、组织机构健全、具备民事权利能力和行为能力、以营利为设立目的等。通常营利法人是指公司法人、非公司企业法人等。其中，公司法人包含我们日常所提及的股份有限公司和有限责任公司。而非公司企业法人则包括集体所有制企业、全民所有制企业以及三资企业等。非营利法人具备显著的非营利性特征，包括事业单位、社会服务机构、宗教活动组织等。特别法人是区别于营利法人和非营利法人的其他法人，包括基层群众自治组织、农村集体经济组织以及机关等。

《民办学校分类登记实施细则》第七条明确规定："正式批准设立的非营利性民办学校，符合《民办非企业单位登记管理暂行条例》等民办非企业单位登记管理有关规定的到民政部门登记为民办非企业单位，符合《事业单位登记管理暂行条例》等事业单位登记管理有关规定的到事业单位登记管理机关登记为事业单位。"第九条规定："正式批准设立的营利性民办学校，依据法律法规规定的管辖权限到工商行政管理部门办理登记。"根据《民办学校分类登记实施细则》的上述规定，民办学校的法人属性分为三类，即非营利性民办学校可以登记为民办非企业法人或事业单位法人，营利性民办学校可以登记为企业法人。从功能属性来看，营利性民办高校属于高等教育机构，同样承担着人才培养、科学研究、社会服务等功能，体现了公益性特征；从法人属性来看，营利性民办高校已经明显有别于公办高校的事业单位法人属性，也有别于没有分类之前民办高校的民办非企业单位属性，其作为营利法人所具备的市场属性决定了其不得不考虑收益问题，体现了营利性特征。相较于以往公司作为营利性组织形态存在，高校作为非营利性组织形态存在，分类管理后，我国的高等教育机构首次出现了营利性组织的形态，即营利性民办高校。

本书所研究的营利性民办高校作为具有独立法人资格的社会组织，其法人属性具有特殊性。第一，营利性民办高校是营利法人，其符合取得利润和分配收益这两项基本要件。其中，营利性民办高校依据《民办教育促进法》的规定可合法获取利润，依据《公司法》的规定可合理分配收益。第二，营利性民办高校是公益法人。营利性民办高校兼具公益性和营利性双重属性。营利性民办高校从事的是教育活动，而教育活动具备公益属性。因此，营利性民办高校是社会主义高等教育事业的重要组成部分，应始终围绕提升育人质量和办学质量开展各项学校运行和管理工作。也就是说，营利性民办高校应在公益性这一基本属性的基础上追求营利性目的。营利性民办高校从事的是教育公益事业，这就要求其在治理过程中保障师生的合法权益以及国家的整体利益，不能因过分追求利润而背离立德树人的初衷，从而影响自身的健康发展。

六、法人治理

法人治理又称公司治理。1932年，美国学者伯利（Berle）和米恩斯（Means）提出公司治理的概念。之后，越来越多的学者围绕公司治理展开了深入研究。法人治理滥觞于公司实践领域，后其相关概念、理论、实践逐步被引用到大学治理领域。这种移植最早发端于美国，如美国哈佛大学借鉴公司治理中的董事会模式设计了较为典型的法人治理结构。在哈佛大学中，校内董事会由地方官员与教师组成，由校外人士监管。目前，国外营利性组织和非营利性组织均采用类似的法人治理结构实现决策、执行和监督的制衡。法人治理研究的主要问题是法人治理结构，特别是利益均衡机制。关于法人治理的概念，不同学者提出了各自的理解。王雪琴（2006）认为，法人治理是如何建立一整套控制和管理法人运行的制度安排。张玉玲等从社会组织的角度认为，法人治理是法人的人力资源管理、员工薪酬、约束激励机制、财务制度、组织发展战略以及与组织管理控制密切相关的一系列制度安排。[①] 法人治理是现代企业制度中最重要的组织架构。从广义层面来讲，法人治理是主要研究企业权利安排的一门学科；从狭义层面理解，法人治理是企业所有者对企业经营者的一种监督和制衡的安排，以使其更为科学地履行职能。从广义上来说，法人治理包括内部治理和外部治理，其中外部治理是指通过市场、外部制度和监管部门等来实现对公司的治理；从狭义上来说，法人治理即内部治理，是指权力机构、决策机构、执行机构和监督机构依据相互独立、权责明确又相互制衡的原则实现对公司的治理。此外，从法学的角度来讲，法人治理结构是为了确保组织正常运行，维护组织中利益相关者的合法利益和社会公共利益，依据法律和组织章程所形成的一种权利分配和制衡的制度体系。法人治理的前提在于组织所有权与经营权的分离，目的则在于对组织内各部分权力予以制衡，对各部分职权合理分配，以确保组织目标的实现。本书以营利性民办高校法人治理为研究对象，拟通过对学校举办者、校长、党组织、教师、学生等不同利益相关者之间的权力、职责、义务等进行合理安排，在决策、执行、监督等层面上形成优质的学校管理机制，促进营利性民办高校的良性运行和健康发展。

---

① 张玉玲,刘惠苑. 社会组织管理实务[M]. 西安：西北工业大学出版社,2017.

第二节 营利性组织治理的几种基本理论

一、产权理论

诺贝尔经济学奖得主科斯是现代产权理论的奠基者和主要代表。20世纪50年代末，科斯正面论述了产权的经济作用，指出产权的经济功能在于克服外在性，降低社会成本，从而在制度上保证资源配置的有效性。在其理论基础上，20世纪60年代后，西方现代产权理论逐渐形成了三个分支，即以威廉姆森为代表的交易成本经济学派，以布坎南为代表的公共选择学派，以及以舒尔茨为代表的自由竞争学派。

产权制度具有减少不确定性、外部性内部化、激励、约束、资源配置五个功能。张天阳和李丹（2008）分析了产权制度与公司治理的逻辑关系。第一，产权制度是公司治理的制度基础。产权制度将特定的所有制关系具体化为产权关系，而公司治理结构是企业产权安排的具体化，是配置公司控制权和剩余索取权的一套法律、文化和制度性安排，它决定了公司的经营目标、公司的控制权和剩余索取权的分布状况以及风险和收益在企业不同参与人之间的分配方式等。第二，产权制度是决定公司治理绩效的基本因素。产权制度具有界定和规范财产关系、提供激励、降低交易成本、提高资源配置效率以及帮助产权主体在经济交易时形成稳定的预期等功能。第三，产权制度是决定公司治理机制形成的重要因素。产权制度所具有的减少不确定性功能和激励功能决定了公司治理激励机制的形成，约束功能决定了公司治理约束机制的形成，其客观具有的资源配置功能是公司治理的权力配置机制得以建立的前提条件。第四，产权安排决定了公司治理结构的内容。在既定的产权制度框架下，企业通过产权安排，在企业所有者之间配置所有权和控制权，从而形成企业的股权结构和公司治理结构。张维迎（2005）在其《产权、激励与公司治理》一书中指出，公司治理结构的有效性取决于四个方面的安排，其中一项即为企业所有权安排。

根据产权理论，产权不清或产权模糊会强化无秩序的竞争，导致激励不足，从而破坏产权信用、增加产权的社会监督成本和交易成本。在民办学校分类管理改革之前，民办高校始终存在产权不清晰的问题，其"民办非企业"的法人属性导致举办者无法主张财产所有权、办学结余分配权、剩余财产索取权。民办学校分类管理改革的重要意义在于明确了民办高校的产权归属，营利性民办高校举办者可以分配办学结余，索取学校终止后的剩余财产，并在清晰的产权归属基础上形成对学校的控制权，占有学校的关键性资源，主导学校的经营和决策。鞠光宇（2017）指出，营利性高等教育组织按照现代企业的产权模式建立了产权清晰、权能完整的产权制度，具有如下三个明显的特点：首先，营利性高等教育组织的产权所有者明确，界定明晰；其次，营利性高等教育组织确立了明确的法人财产权，使得营利性高等教育组织成为完全独立于股东之外的产权主体和独立的民事主体，对营利性高等教育组织的产权及其运行拥有全部的权利，负有全部的责任，成为交易中的独立主体；最后，营利性高等教育组织的投资者在组织正常运转时拥有剩余财产索取权和相应的决策权，在组织解散时拥有最终的剩余财产分配权。

需要指出的是，出资者的财产所有权不等同于法人财产权。财产所有权是指出资者按投入企业的资本额享有所有者的权益，即资产受益、重大决策和选择管理者的权利；而法人财产权是指企业法人依照法律法规对企业实际拥有的财产享有直接占有权、使用权和处置权。财产所有权是指财产的归属权，法人财产权是指财产的运营权。出资者在向公司制企业投资后，财产所有权就转化为与出资份额相对应的出资者权利和法人财产权。

科学的产权配置、合理的产权结构有助于化解资本营利性和教育公益性之间的矛盾。同时，产权制度所具有的激励和约束功能有助于充分调动营利性民办高校举办者的办学积极性，同时对举办者行使与产权有关的经济活动产生有效约束，而激励和约束功能的发挥最终要依靠学校内部治理结构来实现。因此，在营利性民办高校的法人治理中，既要充分尊重和保护举办者由于产权所有者地位而形成的权益（分配权、控制权、索取权），也要尊重和保护学校作为法人财产权拥有者的地位，约束举办者及其他主体有损学校法人财产权的活动。

二、利益相关者理论

从概念上看，利益相关者是指与企业生产经营活动之间存在着必然联系的个人与群体。利益相关者理论在发展中将企业管理范畴之中的法人治理结构作为研究重点。20世纪80年代，R.爱德华·弗里曼（R. Edward Freeman）系统地阐述了利益相关者理论。弗里曼认为，凡是会对企业实现既定目标与创造价值产生影响的个人与组织都属于利益相关者。企业经营者在运营中要同时兼顾内部与外部发展变化，要考虑到所有会对决策行为的实施产生影响的个人与群体，不能只是局限于股东，但长期以来形成的"股权至上主义"对更多利益相关者的参与造成了制约，从而必定会对企业生存发展造成影响。[①]

利益相关者理论最初只是被运用于企业管理范畴之中，亨利·罗索夫斯基（Henry Rosovsky）创新性地用这一理论对高等教育发展中存在的问题进行了分析，指出高校主要存在四个层次的利益相关者：一是最重要的利益相关者，即师生双方以及行政

---

① R. 爱德华·弗里曼. 战略管理：利益相关者方法[M]. 上海：上海译文出版社，2006.

主管人员等；二是重要的利益相关者，包括校友、董事等；三是较为重要的利益相关者，包括政府、议会；四是处于利益边缘地带的次要的利益相关者，包括各种媒体、普通民众、社区。这四个层次的利益相关者在大学治理体系中的位置与作用存在明显差异，但其会以合适的方式反映自己的诉求。由此可知，营利性民办高校法人治理要将上述四个层次的利益相关者纳入其中，在利益相关者中形成利益平衡与制约机制，关注所有利益相关者的诉求，形成良好的权利博弈机制，秉持服务理念，努力完成组织使命。

在营利性民办高校法人治理中，利益相关者理论的作用体现在正向与负向两个层面。

第一，利益相关者理论的正向作用。运用利益相关者理论思考营利性民办高校管理与运行中的一系列问题，对促进营利性民办高校的良性发展具有正向促进作用。基于利益相关者理论思考营利性民办高校的发展问题，可以关注不同利益相关者的不同诉求，避免陷入将利润最大化作为唯一追求目标的误区，避免营利性民办高校内部管理过于专断或集权。同时，以利益相关者理论为指导，营利性民办高校各利益主体可以更加主动地参与学校治理，分享各自对学校建设和发展的建议，共同致力于推动营利性民办高校经济利益与社会利益的实现，促进营利性民办高校的健康可持续发展。

第二，利益相关者理论的负向作用。营利性民办高校在建设与发展的过程中，既可以实现自身经济利益，也能为区域经济社会发展培养大量适用人才，创造应有的社会效益。在这个过程中，营利性民办高校与利益相关者之间不断地相互作用和关联。当营利性民办高校关注的事项过多时，其精力必然会分散，这往往会影响营利性民办高校目标的达成。例如，营利性民办高校因在不同领域耗费精力而无法将主要精力集中在人才培养等目标的实现上，进而影响营利性民办高校在内部组织建设、战略规划、人力资源管理以及资金运营等层面的决策。又如，根据利益相关者理论，营利性民办高校的各利益相关者均有各自的利益诉求，而在学校运行机制不健全的情况下，各主体在争夺权力的同时势必淡化对责任履行的关注，最终影响营利性民办高校办学目标的达成。目前，营利性民办高校在治理过程中引入利益相关者理论时，只有高度重视利益相关者的责权分配，清晰界定边界，才能发挥利益相关者理论在学校治理中的关键性作用。

系统论为利益相关者理论提供了基础，即营利性民办高校在单纯依靠投资者显然是无法实现学校建立、治理与发展的，需要充分发挥举办者、办学者、教职工等各利益相关者的积极性，并依据各自利益需求获得回馈，形成溢价效益。因此，营利性民办高校的利益相关者是指所有以不同形式投入、在获得收益的同时承担责任的主体。

将企业利益相关者分类中积累的经验进行梳理，借鉴这些经验我们可以将高校利益相关者划分为四个层次：一是师生双方与管理者，二是资金提供者与校友，三是与学校形成了契约关系者，四是广大公民与学校所在地社区（李福华，2012）。由于民办高等教育本身具有较强的特殊性，其利益相关者复杂而多元，除了学校管理人员与师生，还包括学校举办者、出资者、捐赠者、行政管理部门、民众等。利益相关者理论在长期发展中致力于协调多个利益相关者之间的关系，探索怎样才能满足所有利益相关者的需求，产生治理协同力，达到共同抵御风险、并肩发展的目的，形成相互制衡的管理模式。我们在研究营利性民办高校的法人治理问题时，在利益相关者理论的支撑下可以将高等教育制度理解为存在于利益相关者之间的"契约网"。也就是说，为了让每一个利益相关者都能体现出价值，必须对其属性、特征、利益诉求等进行分析，找到利益交汇点并协调彼此之间的关系，从而开创合作共赢的局面，为营利性民办高校的可持续发展贡献力量。

三、外部治理理论

外部治理理论在公司治理领域的应用较为广泛。外部治理是指由作为公司出资人的公司股东通过一系列的外部环境因素对公司经营层的行为进行影响，最终确保公司价值最大化目标实现的制度安排。一般而言，这些外部环境因素包括法律、监管、中介机构、产品/要素市场、经理人市场、金融市场、并购市场、控制权市场等。

在高校治理场域中，外部治理的关键是协调政府、高校、社会三者之间的关系，即构建政府、高校、社会之间的新型关系。在不同时代、不同国家以及同一国家的不同时期，政府、高校、社会三种力量的结合方式及其力量的强弱都存在差异，因而其高等教育形态也各异。但在任何情况下，高校与政府之间的关系始终是大学治理的重中之重。根据学校与政府之间的关系，国外高校治理大致可以分为两种主要类型。第一，分权—共治机制。在以美国为代表的一些国家中，政府与高校的关系属于分权—共治关系。这些国家的教育行政体系由三个层级构成，即联邦、州和地方。这种教育行政体系中，州议会是拥有最高权限的高等教育权力机构。分权—共治机制下，政府是高校治理工作的参与者和协作者，但政府不具体参与高校的各项事业管理。这个过程中，高校治理因政府的有效参与而充分体现了分权与共治两项原则。第二，集权—科层化机制。在以法国和亚洲一些国家为主要代表的国家中，政府与高校之间的关系是集权—科层化关系，即国家相关机构与地方政府共同掌控大学治理中的各项内容，如招生、资源配置、学科专业目录、课程设置等。这种机制下，政府居于层级顶端，是以领导者和管理者的身份实施大学治理。因此，集权—科层化机制中的共治理念较弱，更多的是统治成分，这容易造成高校治理过程中大学普遍缺乏自主权，高校发展缺少活力。

民主原则与科学原则是人类在不断地思考与实践过程中总结出的两大普世性原则。在高校外部治理中，运用这两个原则思考高校治理机制的合理性非常必要。其中，分权—共治机制符合民主原则，如在高校治理中不同主体的有力参与强调了分权与共治，体现了协作、共赢与权力制衡。同时，分权—共治机制也符合科学原则，因为它赋予了高校足够的自主权，使其独立主体的地位得到充分的尊重，从而能够依据自身发展实际情况和发展逻辑实现科学的探索和实践。而集权—科层化机制则由于具备浓郁的行政色彩，容易造成高校在自身治理与发展过程中缺乏活力。因此，在时代进步与高校外部治理理论不断创新的趋势下，集权—科层化机制正在逐步弱化，而分权—共治机制日渐成为主流。

四、内部控制理论

美国反虚假财务报告委员会下属的发起人委员会（The Committee of Sponsoring Organization of the Treadway Commission，COSO）对内部控制的定义为：由企业董事会、经理层和其他员工实施的，为实现营运的效益效果、财务报告的可靠性、相关法令的遵循性等目标而提供合理保证的过程。公司治理解决的是股东、董事会、监事会、管理层之间的"责、权、利"问题。内部控制是在此基础上，作为经营者的董事会和管理层为了保证受托责任的顺利履行而在公司内部实行的一系列控制活动。

内部控制已成为现代企业管理的重要标志之一。在企业中，通过经营权与所有权的分离，作为企业实际拥有者的投资者和债权人迫切需要企业经营层向其提供符合企业经营管理实际情况的真实、可靠的信息。从这个角度来讲，所谓内部控制，可以理解为作为企业内部控制参与者的董事会、管理层以及其他人员，为实现企业经营管理符合法律法规、提升经营管理效率和效果、确保企业财务报告真实可靠等一系列目标所进行的控制活动。企业内部控制要求经营者采用的经营方式与企业经营过程紧密结合。目前，一些国家普遍采用依据法律引入审计的方式来强化企业的内部控制。以美国为例，1992年成立的COSO是专门针对内部控制问题展开研究的组织，其由美国会计学会、注册会计师协会、美国内部审计师协会、财务经理人员协会和管理会计师协会等组织共同组成。该组织于1992年发布了指导内部控制的纲领性文件《内部控制整体框架》（以下简称"COSO报告"）。1994年，COSO对这一报告予以修订。COSO报告被视为内部控制研究史上的里程碑之一。COSO报告对影响企业内部控制结构的要素进行了归纳与梳理，涉及控制环境、风险评估、控制活动、信息沟通、监督等。

　　法人治理与内部控制之间存在着十分紧密的联系，两者共同致力于高校治理。其中，法人治理是内部控制的重要环境因素，而内部控制则有利于促进营利性民办高校法人治理结构的进一步完善。在内部控制理论的指导下，营利性民办高校可以有效提升自身的运行和管理效率，确保学校运行过程中产生的各项管理信息数据真实可靠，有效避免学校资产流失，维护学校资产安全和完整，并在遵循国家法律法规的基础上落实学校的发展战略和实现学校的发展目标。营利性民办高校内部控制的过程是明确各环节主体权责、实现主体间制衡有力、促进学校管理动态改进的过程。因此，营利性民办高校应在实现会计层面内部控制的前提下，实现内部控制向经营管理环节、资产管理环节甚至风险管理环节的延伸，覆盖学校管理体制与框架的各个层面，从而有效提高内部控制的有效性和实效性。目前，我国营利性民办高校内部控制比较薄弱，现实与期望之间存在较大的差距。因此，针对目前营利性民办高校在内部控制方面存在的诸多不足，管理层应对问题进行分析并制定应对策略，从而促进内部控制机制的完善，提高经营管理效率，保证资产安全，强化学校治理。

第三节 营利性民办高校治理的境外经验

回顾全球教育发展的历史，西方学者普遍认为，教师、学生、校外团体都是重要的治理主体。然而，各个国家的政治体制、历史文化等有较大的差异，在不同的国度和不同的发展时期，其高校治理形式有所不同。当前，越来越多国家的高校形成了各具特色的内部治理体制，其在决策、执行、监督、校长产生方式和部门职权分配等方面存在明显差异。经过对比分析，我们可以发现大学治理模式会受到教育管理体制、政治经济体制等的影响。

一、国外高校主要治理模式

（一）美国高校治理模式

美国高校在最初发展过程中借鉴了英国牛津大学、剑桥大学等知名学府的经验，即学校创办者组建的董事会掌握着主要管理权，而政府与学术研究者并不拥有高校的管理权。在管理学校过程中，董事会拥有较高的权力，学校的管理是自上而下进行的，董事会可以根据具体情况将权力让渡给教师与校长。到了19世纪下半叶，美国的许多高校实现了快速发展，内部组织更加复杂，行政管理部门数量迅速增加，如教师委员会在内部各个层级正式成立，与之相似的还有教授会、评议会等，这些委员会成立之后实现了快速发展，它们在制定学术政策方面享有自主权。

美国高校在 19 世纪与 20 世纪之交实现了快速发展，美国充分学习德国的办学经验，对其体现出的自由思想表示认同，并将这一思想渗透到办学之中。第二次世界大战爆发后，美国将高等教育提升到战略层面，不仅为大学的发展提供充足的资金，也构建了相应的法律体系。第二次世界大战结束后，美国许多高校已经在世界范围内产生了较强的影响力，成为享誉全球的学府。在这一阶段，美国高校实现了规模扩张，由精英教育转变为普众教育，在复杂的外部发展环境中，学校内部结构趋于完善。在内部事务管理中，董事会的干预逐渐减少，在高校与社会的联系之中，校长成为重要纽带。美国高校数量众多，内部组织架构具有较强的相似性，即采用三级管理模式，处于顶层的是董事会，中间为管理部门，教授会居于底层，学术与行政保持独立且互不干扰。

（二）德国大学治理模式

在世界范围内，法、英、德等国构建了较为相似的大学模式，在此我们仅以德国为例进行分析。在德国大学中，校务会是最高权力机构，该机构的成员包括教授、学生、行政人员等，每个成员都享有表决权，主要承担选举校长的责任。在多样化的联席组织之中，处于优势地位的是与学术有关的组织，此类组织的成员为普通教师和教授，他们的表决权得到了有效维护。然而，也有相当一部分大学将校评议会确定为重要的领导机构，该机构需要接受校务会的领导，起到协调与管理的作用，不仅要在学术方面作出正确决策，也要确定校长候选人，并要对教授名单进行批复。该模式下，学校行政管理事务由校长负责，且副校长中必须有一人要兼任财务主管，其在州政府的委托之下对校内财务工作的开展进行督查。从总体上看，该模式中占据主导地位的是学术权力。

（三）日本高校治理模式

日本私立高校形成了完善的内部法人治理结构，主要包括理事会、监事会、评议会，它们都有各自的职责范围，彼此之间互相制约。其中，拥有最高决策权的是理事会，这与其他国家高校的董事会较为相似，在作出任何重大决策之前，理事长都要与评议会进行协商，征求其意见，围绕某一问题请评议会进行审议并提出表决意见，在意见统一之后才能形成决议。教授会或评议会承担着校长提名的责任，而任命权则掌握在文部省手中，学校日常行政事务由校长主持。评议会成员除了校长，还包括教授、学部长等人，他们本身也是重要官员，校长在制定各项规章制度时，这些官员都要发表意见，起到协助作用。同时，评议会成员还要对预算方案编制、重大事务管理等进行审议。教授会成员全部为教学人员，包括教师、教授等，他们长期致力于发挥监督、咨询等作用。日本高校中的各项工作是在校长主持下开展的，校评议会工作由校长亲自主持，校长在教授会成员任命中有决定权。

（四）国外高校治理模式的启示

经过对比梳理，我们不难看出，各国在高校治理方面形成了共性：在外部治理方面强调法律手段的重要性，政府要对大学进行合理规制；在内部治理方面发挥分权制衡的作用，将多种治理力量进行整合，确保行政与学术两大权力都能实现良性发展。高校治理模式主要包括三种，即公司管理、学术联盟治理、协同治理。每一种模式都是在特定的政治、经济、文化背景下诞生的，实践中各高校要遵循因地制宜的原则，也要尽量与外部环境保持一致。此外，没有哪一种模式自形成之后可以长期保持不变，唯有努力顺应时代和环境发展变化，高校治理才能与时俱进地发生良性改变。

在对国外高校治理模式进行分析时，我们要将时间与空间当成重要参照因素，因为所有成功的高校治理模式都与环境融为一体，不同的治理模式都需要在实践中产生成效，不存在优劣、好坏之分，但它必须具有可调整性，特别是在特殊的历史时期，高校与政府为了创造更高的社会价值，会反复对战略目标进行调整，努力与社会进行积极互动。越是优秀的治理模式，越不会长时间保持不变，而是会根据高校的发展情况、社会环境的改变进行调整。国外发达国家推行的校长负责制、董事会管理制等治理模式都具有较高的借鉴价值，它们在行政权、学术权两方面实现了较好的平衡，在内部治理方面也注重相关利益群体的共同参与。这些国外大学治理的先进经验，不论是公办高校还是民办高校，不论是非营利性民办高校还是营利性民办高校，都值得我们在结合自身实际情况的基础上加以借鉴。

二、国外营利性高校的治理经验：以美国为例

有鉴于美国大学在全球的影响力和代表性，深入分析并借鉴美国营利性高校的治理经验是非常有意义的。

20世纪末至21世纪初是美国营利性高校快速发展的时期。1990—2000年和2000—2010年，美国营利性高校秋季入学率分别增长了110%和350%，而同期公立高校仅增长了8%和29%，非营利性私立高校仅增长了13%和24%。1990—2010年，营利性高等教育的市场份额由2%上升到10%。2010—2016年，虽然营利性高校秋季入学率下降了42%，市场份额也下降到6%，但是如果以1990年为参照系，营利性高校秋季入学率还是增加了451%，而同期公立高校和非营利性私立高校增幅仅为34%和48%。

在内部治理方面，美国的营利性高校呈现出以下四个典型特征。一是营利性高校多采用公司制结构，其内部治理结构主要由股东大会、董事会、经理层和监事会组成。这一治理模式在营利性高校中发挥着重要作用，它决定着如何配置和行使控制权，如

何监督和评价董事会、经理人员和职工，如何设计和实施激励机制等。二是母公司控制着营利性高校的决策权和人事权。营利性高校内部设有董事会，但董事会成员由母公司任命。营利性高校一般采用股东型治理结构模式进行运营，董事会成员由股东在股东大会上选举产生，股东有权改选或更换不合适的董事并始终保持着对董事会和经理层的控制。三是董事会多采取职业化运作，即内部董事数量逐渐减少，外部独立董事数量逐渐增加，董事会的独立性得到提高。独立董事超脱于公司管理和经营以及那些有可能影响他们作出独立判断的事务之外，可以客观、独立地作出判断，并在公司战略、运作、资源、经营标准以及一些重大问题上进行表决。四是重视发挥内部监督职能。美国营利性高校通常由设立在董事会内部的各种委员会从各自角度对经营者、执行董事和高级管理人员进行监督和制约。五是重视风险监管和防范。在美国营利性高校中，董事会直接或通过下属委员会来评价与年度运营计划有关的策略风险、运营风险、管理风险，董事会还会在董事会会议上定期审查重大业务和财务发展情况，以防范与重大交易有关的风险。鞠光宇（2016）指出，美国营利性高校内部组织结构是以行政权力为主导的一个体系，股东大会掌握最高权力，董事会对股东大会负责，经理层对董事会负责，下属部门则对经理层负责。这是一个层层负责的以行政权力为主导的体系，学术权力处于一种被支配的地位。

在外部治理方面，美国政府进一步加强对受教育者权益的保护以及对营利性高校的治理：一方面，通过强化对营利性高校广告、招生等经营行为的监管，确保受教育者的权益得到应有的保护；另一方面，通过推进高校评级系统建设，有效改善信息不对称问题，方便受教育者及家长及时了解关于营利性高校办学质量等相关信息。同时，美国政府积极引导并发挥中介组织的共同监管功能，有效解决政府在对营利性高校进行监管时存在的资源与能力不足问题，发挥非营利性认证机构在对营利性高校进行评价中的重要作用，通过定期督导确保营利性高校将自律落实到位。总体来看，美国在营利性高校的外部治理方面形成的经验和做法，对我国营利性民办高校法人治理具有以下借鉴意义。

1. 政府应关注对营利性高校受教育者权益的保护，重点监管营利性高校的经营行为

营利性高校通常每年会将大量经费用于学校宣传和招生市场开拓，而对广告与招生的监管是政府对营利性高校监管的重点所在。在美国营利性教育行业中，营利性高校通常面临的较多指控是陈述失实。其原因在于学校过多地采用了具有较强误导性的多种营销手段，将一些并不符合入学条件的低收入家庭子女招收入内，且在未来的就业场景、毕业率等相关内容宣传上存在过分夸大和失实的问题。在美国，教育部门针对陈述失实问题采取了多项有效的措施，如禁止在培训课程、财政状况、毕业生就业能力等方面进行夸大宣传，进一步扩大受教育者可起诉的范围，以及对"失实陈述"给予新的界定，即"教育机构或招生代表在与学生或机构达成协议的过程中存在虚假、错误或者误导性陈述，包括所提供的课程、广告宣传、在招生或注册过程中对学生的承诺以及专业前景的误导等。"可见，误导性陈述包括了所有可能对消费者产生误导、迷惑、欺骗的各种口头、书面或其他形式的声明。

2. 政府应重点关注对营利性高校办学质量的监督

受教育者通过营利性高校定期公布的办学质量相关信息可以了解该学校的办学水平、办学质量等一系列信息。美国政府推动建立了高校评级系统，该系统的应用有效地改善了信息不对称性问题，方便受教育者及时了解学校的教育质量及相关信息，从而为学生及家长作出正确的选择提供了更为准确的信息参考。高校评级系统主要涉及三个方面的内容：第一，入学机会情况，如学

生入学时可以获得奖学金的学生所占的比重；第二，可负担情况，包括奖学金、平均学费等；第三，学习效果，包括高校大学生的毕业率、转学率、毕业后的收入水平，以及进入研究生阶段学习的学生所占的比例等。此外，为了保护受教育者的权益，美国政府通过多样化的方式对营利性大学开展调查活动，如受理学生申诉、举办听证会以及发布调查报告等。针对营利性院校可能存在的一些不道德行为，美国参议院会邀请健康、教育、劳工和养老金委员会围绕相关问题进行讨论、举办听证会等。美国政府责任办公室于2010年针对15所营利性高校开展了一项与欺诈和丑闻行为有关的调查。

3. 政府应积极引导并发挥中介组织的共同监管功能

分布较广、职业培训机构数量较多是美国营利性高校的主要特征。这使得政府在对其进行监管时普遍缺乏足够的资源和能力。这时，中介组织则可以发挥重要的作用。中介组织的作用主要体现在营利性高校准入、过程监管以及质量保障等方面。一所营利性高校要想获得稳定、长远的发展，必须遵守美国的联邦法律和州法规，同时也需要正确处理认证问题。认证是指由具备认证资质的机构对营利性高校进行评估，并确认学校报告情况的可信度。美国存在多家非营利性的教育认证机构，它们均在国家教育部门备案并获得认可。因此，这些机构出具的认证结果具备较高的可信度。政府在对营利性高校进行评价时通常会以认证机构出具的认证结果为评价标准。这些认证机构本身是非营利性组织，且具备较高的权威性，具备详细而专业的操作规范，它们注重对营利性高校的定期督导，以确保营利性高校将自律落实到位。例如，美国独立学院及学校认证协会主要负责针对职业高等教育机构进行认证，其在认证过程中侧重考察影响教育质量的投入、产出、教学过程等。其中，投入层面主要评价的是教师素质、学校基础设施建设、学习资源建设、学生入学程序、新生质量、学校财务状况稳定性等；产出层面主要评价的是学校学生保有率、就业率以及学生毕业后在知识、能力和品行层面的提升情况和用人单位对毕业生的满意度等；教学过程层面主要评价的是学校的教学效率、课程设置、学生服务、信息资源等。作为认证对象的学校需要按年向认证机构提供年度报告，且学校在增设专业、开办分校以及变更所有者时均需要在认证机构对其进行实地考察和评估的基础上才能进行。

第四节 我国民办高校法人治理模式探索

国外营利性高校围绕高校治理理论、治理模式等进行了一系列的探索，形成了相对成熟的理论框架和治理模式，为本书的研究奠定了理论基础。我国民办高校虽起步较晚，但随着民办高校的快速发展，行业研究者围绕民办高校治理进行了一系列的探索并形成了丰硕的成果。国内学者充分结合我国民办高校的发展特征，较多地从人力资本单边治理、出资者单边治理以及利益相关者共同治理等方面对民办高校治理进行了理论与实践探索。这与我国不同发展阶段对民办高校的法律政策以及民办高校的发展情况相符合。在围绕营利性民办高校法人治理展开研究时，为更好地处理营利性民办高校的公益性与营利性冲突问题，研究者较多地采用了利益相关者理论。下面我们分别对我国民办高校不同治理模式进行研究分析。

一、人力资本单边治理模式

在人力资本单边治理模式下，出资者与教职工享有的控制权是不对等的，前者弱而后者强。高校决策机构在对重大问题作出决策时，控制权往往由教职工享有。此处所说的"教职工"是指以校长为首的行政人员、教师代表等，他们在高校治理结构中居于核心位置，即专家治校和教师治校。这是比较理想的治理结构，能充分体现出民主性。

20世纪80年代，在我国民办高等教育发展初期，民办高校的创办人基本是公办学校的退休管理人员与教师，他们一般不会将物质资本注入学校，但却身兼数职，如同时担任校长和董事长，在行政与教学两大管理板块中都享有较高的决定权，是学校的控制人。这种就是人力资本单边治理模式。对于创办人而言，他们投入的是人力资本，学校以自身滚动的形式实现了资产积累。在这种模式下，人力资本是学校创办团队共同拥有的。

在人力资本单边治理模式下，随着学校的发展，教职工队伍逐渐壮大，但占多数的普通教职工并没有真正体现出人力资本的价值，学校在作出重大决策时一般不会考虑他们的意见，他们并没有拥有话语权与决策权。也就是说，在该模式下，民办高校决策机构成员由创办人直接指定，而不是由民主选举确定，在某些方面体现出一定的家族式特征。此外，在人力资本单边治理模式下，创办者如果只是投入人力资本则不可能拥有真正的控制权。我国于1997年发布的《社会力量办学条例》从设备、土地、房产等方面对民办高校创办中需要的有形资产提出了更加严格的要求，即民办高校创办者需要以担保贷款的方式出资，或是通过寻求外部出资者的支持来加大办学硬件方面投入。但是，多数情况下学校创办者普遍缺乏足够的筹资能力，而是较多地采用吸引外部出资者的方式来解决筹资问题，这必然会在一定程度上削弱创办者对学校的实际控制能力，外部出资者则通过持有学校资产而实现对学校的控制权。这种情况会对学校的治理结构产生直接影响，促进学校治理结构由以内部治理为主的单边治理模式转为利益相关者共同参与的共同治理模式。

二、出资者单边治理模式

出资者单边治理模式下，控制权掌握在出资人手中，教职工只是拥有较弱的控制权。在决策机构中，举办者要维护出资者的利益，使其在管理事务过程中拥有绝对主权。这种内部治理结构突显了出资者的重要性，董事会中只有代表出资者利益的成员才拥有真正的决策权，行政人员、教师等尽管也是重要的利益相关者，却不享有投票权与话语权。在出资者单边治理模式下，绝大多数治理主体只是名义上参与决策，而不能真正发挥领导、约束、监督的作用。这是一种类似于有限责任公司股东单边治理的模式。

在民办高校中，一些出资者利用信息优势，借助民办高校董事会或理事会成员的委派权形成对民办高校的绝对控制，从而保障其自身权益。这种情况下，由于在学校创办与发展中没有出资或少量出资，政府不能通过控制经费的方式对学校日常事务进行具体干预。尽管我国在相关文件中明确指出，民办高校董事会成员中要有校长、党组织负责人、教职工代表等，学校应设立其他类型的民主决策机构，如学术委员会、教代会等，但这些机构往往形同虚设，在学校事务决策中没有话语权，出资者会根据自己的利益需求确定校长与教职工代表人选。此外，在出资者单边治理模式下，民办高校并没有形成健全的监督机制，学校在作出关系到当前与未来发展的决策时，出资者不需要考虑董事会的意见，重大决策往往由出资者内部商量决定，校长与教职工代表并不参与决策，而且大部分民办高校并没有设立教代会、监事会等机构。图2-1反映了民办高校出资者单边治理模式的主要特征。

对于具有投资办学性质的民办高校而言，在创立初期，教师的教学水平与学术研究能力都比较弱，行政人员的管理能力也不强，学校只是把他们当成雇员，教职员工也只是把自己当成学校的打工者，主人翁意识无法形成。这样一来，出资者就会独占学

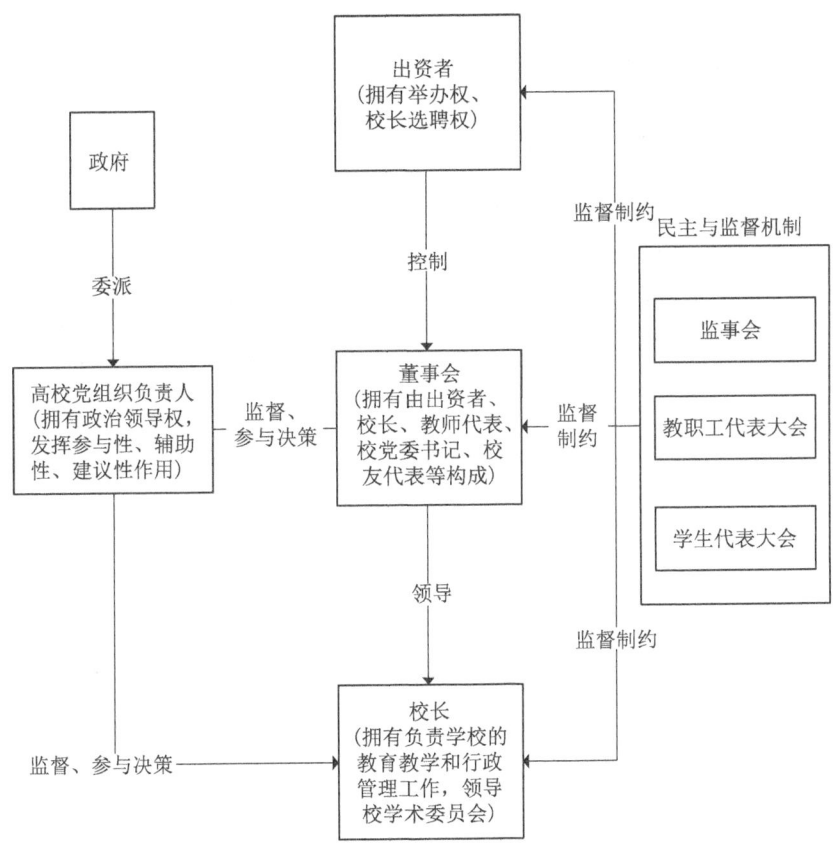

图 2-1　民办高校出资者单边治理模式及特征

校控制权。然而，随着学校的发展壮大，教师的教学与学术能力都有了大幅提升，行政人员在学校管理方面也积累了丰富的经验，在与出资者进行谈判过程中体现出价值与优势，谈判能力逐渐增强。与此同时，学校在后续发展中，出资者的投入会逐渐减少，现有的有形资产实现了滚动积累，出资者无法为学校运营提供更为充足的资源。上述几种原因的同时存在，导致出资者必然将学校控制权的一部分让渡给行政人员与教师，但究竟让渡多少控制权，这取决于各方的谈判力，任何一方退出或是出现投机行为，都会对其他利益方造成损害，民办高校治理结构也会随之发生改变。在这种情况下，部分采用出资者单边治理模式的民办高校逐渐向利益相关者共同治理模式转变。

三、利益相关者共同治理模式

分类管理改革前，我国民办高校基本上采用的是出资者单边治理或人力资本单边治理模式。分类管理改革后，我国民办高校被划分为营利性与非营利性民办高校两类，其中营利性民办高校的治理逻辑与公司法人的治理逻辑更为相似。追溯企业治理理论发展史，国内外学者于20世纪90年代就已经意识到要由诸多利益相关者共同实施企业治理，这就是利益相关者治理观的起源。高校具有公益性、社会性的特征，其最根本的目的就是要为社会提供良好服务，既要承担社会责任，也要维护公共利益，其利益相关者是多方面的。因此，我们有必要运用利益相关者理论对高校法人治理问题进行分析。在我国，《公司法》赋予利益相关者监督权与决策权，《民办教育促进法》等法律文件明确规定营利性民办高校也应坚持公益性，要设立教代会、监事会等机构并体现出其监督价值。营利性民办高校要解决公益性与营利性的冲突问题，更需要利益相关者理论的支撑。不同利益相关者为了维护自身的利益诉求而展开了博弈，这种博弈改变了民办高校的内部治理结构，利益相关者共同治理模式成为必然选择。图2-2反映了利益相关者共同治理模式的主要特征。

当民办高校的公益性与营利性形成了对立和冲突时，民办高校采用利益相关者共同治理模式能更好地解决公益性与营利性的冲突问题。在实践中，利益相关者共同治理模式的意义体现在如下三个方面。

第一，有利于营利性民办高校实现公益性社会职能和社会责任。营利性民办高校的社会价值体现在人才培养、科学研究、社会服务等多个方面，学校不再是一个封闭的小圈子，更不是遥不

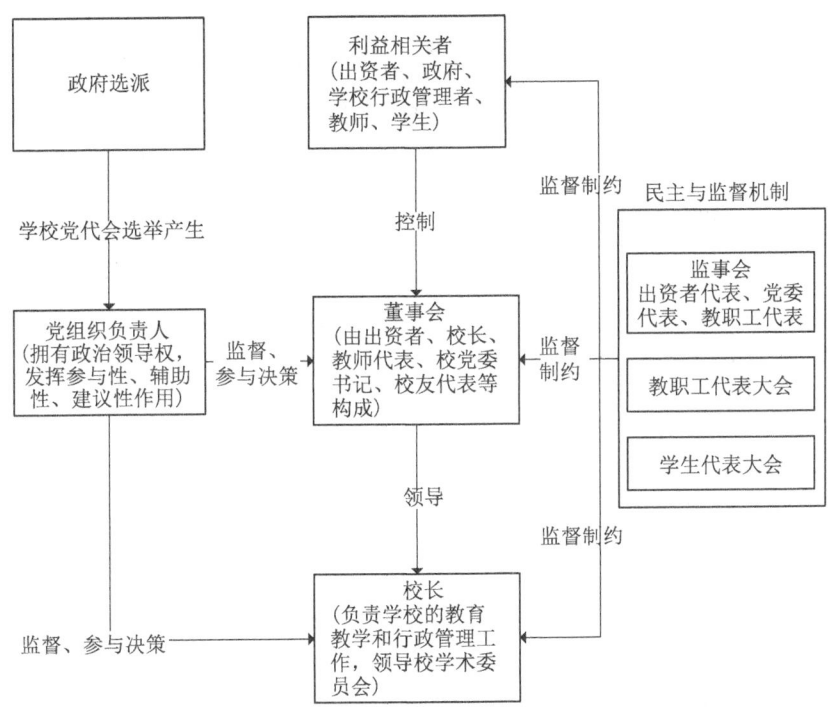

图 2-2 民办高校利益相关者治理模式及其特征

可及的"象牙塔",具有较强的开放性,要与社会进行广泛交流。为此,高校要与利益相关者保持联系,尊重其想法与诉求,以便更好地为社会建设与发展提供教育服务。营利性民办高校履行社会职能就是要承担社会责任。营利性民办高校承担的社会责任是其教育公益性的集中体现,而利益相关者共同治理模式的形成可以更好地让营利性民办高校承担社会责任。

第二,有利于维护民办高校举办者的利益,达到营利性目的。维护营利性民办高校举办者的利益是学校良好运行的重要基础,如果忽视举办者的权益,营利性民办高校举办者的办学积极性就得不到调动和发挥。公办高校的举办者是政府,培养人才就是维护国家利益的有效方式;而民办高校则不同,其举办者为个人或社会组织,但考虑到教育机构本身有较强的特殊性,在其制约之下，举办者要对自身的利益进行调整，尽量使自身利益与社会公共利益相协调。营利性民办高校举办者要想获得经济回报，就要先努力实现社会公共利益，而利益相关者共同治理机制的构建有利于高校更好地完成任务并承担社会职能。这是举办者经济利益实现的前提。

第三，有利于维护利益相关者的合法利益，为民办高校办学活动营造和谐的社会环境。高校属于公益性法人的一种，理应维护利益相关者的合法利益，承担社会责任。利益相关者与高校之间有着共同的利益追求，高校学生数量、生源质量、社会影响力、后勤服务能力、经费投入、毕业生就业率等都会对利益相关者的行为产生直接影响。有鉴于此，营利性民办高校要想在良好的办学环境中实现发展，需要形成利益相关者共同治理机制，在学校治理过程中将所有利益相关者当成重要力量，使之与学校结成利益共同体，让社会各界更加支持学校发展，以便于高校顺利完成教育任务。

第三章

营利性民办高校法人治理的现实基础

20世纪90年代初，由于高等教育资源的供给严重不足，我国出台了一系列政策文件鼓励社会力量兴办高等教育，从而极大地加快了我国高等教育大众化、普及化的进程。之后，随着高等教育市场化改革和民办教育分类管理改革的推进，我国营利性民办高校迎来了新发展。在此背景下，充分把握我国营利性民办高校发展的历史特征，客观分析分类管理改革导致的法治环境变化，准确理解营利性民办高校法人治理的外部要求，有助于我们在认清现实的基础上进一步完善营利性民办高校法人治理机制。

第一节 我国营利性民办高校发展的历史特征

一、我国民办高校投资办学的历史脉络

私立教育在我国的发展有着较为悠久的历史，可以追溯到两千多年前，孔子可以说是我国私立教育发展的鼻祖。到了现代社会，张伯苓、马相伯等人都曾创办过私立大学，并取得了卓越的成绩。20世纪80年代以来，随着改革开放的开始，我国高等教育迎来了一系列的改革，涉及办学体制、投资体制、内部管理体制等方方面面。通过引入市场机制、竞争机制，高等教育的办学效率和办学质量得到显著提升，从而有力地推进了我国高等教育的市场化发展，特别是民办高等教育的发展。

改革开放四十多年来，我国为了促进民办教育的健康发展出台了一系列法律法规，如《社会力量办学条例》和《民办教育促

进法》等,以这几部法律文件的出台时间为依据,我国民办高等教育的发展可以分为如下四个阶段。

第一阶段是 1978—1996 年,即《社会力量办学条例》出台之前。1982 年通过的《中华人民共和国宪法》明确表示教育事业在发展中要得到社会力量的支持,企事业组织、集体经济组织只要具备条件都可以创办教育机构。这意味着国家层面通过最高立法为民办教育的发展提供了保障,为民办高等教育的发展做好了准备。1992 年,邓小平同志发表重要讲话,我国的改革开放进入了新阶段,党中央明确表示要对民间办学、社会办学提供支持,教育不再由国家包办。1993 年发布的《中国教育改革和发展纲要》再次强调,要改变政府在办学中的包揽做法,在办学过程中政府要发挥主体作用,也要得到社会各界的共同参与和支持,形成新的办学体制;个人与社会团体只要能按法律规定办学,就应该得到鼓励与帮助,但要对其进行管理、引导。同时,《中国教育改革和发展纲要》也对民办教育的发展设定了"积极鼓励、大力支持、正确引导、加强管理"十六字方针,民办高等教育由此实现了突破式发展。但在这个阶段,绝大多数民办高等教育机构颁发的学历文凭不被国家认可,到 1996 年年末,具备独立颁发国家认可的全日制高等学历证书的民办高校数量只有 21 所,参加高考并进入民办高校的学生数量只有 1.4 万人。

第二个阶段是 1997—2002 年,即从《社会力量办学条例》出台之后到《民办教育促进法》颁布之前。《社会力量办学条例》于 1997 年正式执行,明确提出我国教育事业发展要更多地依赖社会力量。这意味着我国民办教育的发展有了法律层面的保障。但同时,《社会力量办学条例》还指出,社会力量在创办高等教育机构时要受到国家层面的严格控制。到 2002 年年末,我国已经有 175 所民办高校具备自主颁发学历证书的资格,数量增加幅度比较大,在校生数量也快速增长,达到了 81 万人。

第三个阶段是 2003—2016 年，即从《民办教育促进法》颁布实施之后到 2016 年 11 月 7 日第二次修订之前。这部法律在我国于 2003 年 9 月正式落地，这意味着民办教育的发展迎来了转型发展时期。陶西平对这一时期民办教育的转型发展进行了详细分析，将其归纳为六个方面：一是地位由边缘化转变为主流化；二是作用由补充与辅助转变为促进发展；三是管理由行政化转变为法制化；四是实现市场化调节；五是办学模式由单一变得多元；六是竞争由机遇性转变为实力性。① 《民办教育促进法》明确指出，民办学校除了要为办学投入充足的成本，也要为后续发展预留足够的资金，还要根据国家规定提取相关费用，除了这些支出，出资人可以从结余中获取合理回报。这是我国首次以法律条款的形式对民办学校举办者的收益权作出了明确规定，是立法建设方面的重大突破。自此以后，我国民办高校的创办模式发生了改变——捐资创办、滚动发展不再成为主要模式，投资办学模式逐渐体现出其价值并成为主流。2010 年颁布的《国家教育中长期改革和发展规划纲要（2010—2020 年）》明确指出，要"健全政府主导、社会参与、办学主体多元、办学形式多样、充满生机活力的办学体制，形成以政府办学为主体、全社会积极参与、公办教育和民办教育共同发展的格局。调动全社会参与的积极性，进一步激发教育活力，满足人民群众多层次、多样化的教育需求"，同时强调"民办教育是教育事业发展的重要增长点和促进教育改革的重要力量"。在这一背景下，民办高等教育的发展得到了国家层面的进一步鼓励，到 2016 年年末，我国共设立了 742 所民办高校，在校生数量增加至 634.06 万人。

第四个阶段是 2017 年至今。随着《民办教育促进法》的第二次修订，我国民办教育迎来了分类管理、分类发展的新阶段。根

---

① 陶西平. 推动中国民办教育事业的合理转型[J]. 教育发展研究, 2005(20): 5-8.

据 2020 年教育部教育事业统计公报公布的数据，截至 2020 年，我国全国范围内民办高校的数量已经达到了 771 所，其中包含 241 所独立学院，相比 2019 年公布的统计数据，民办高校数量的增长率为 1.98%。同时，从招生规模来看，民办本科院校与专科院校招生人数共计 236.07 万人，比 2019 年增加了约 16.38 万人，增长率为 7.46%，此外，民办高校在校学生数量比 2019 年增加了 82.51 万人，增长率为 11.64%。

二、我国民办高校主要运行模式分析

我国民办高校自产生以来就带有明显的投资特征，民办高校举办者均或多或少带有经济目的。从我国民办高校的发展历程来看，民办高校的发展运行模式主要有以下四种。

一是滚动发展模式。举办者最初创办学校的时候，仅有少量资金用作启动经费，呈现出"无固定校舍、无专职教师、无流动资金"的"三无"情况，主要依靠学费收入实现积累和滚动发展，体现出"以学养学"的特征。这类民办高校在发展初期资金压力较大，尽管举办者也有经济回报的考虑，但由于学校后续发展投入压力较大，举报者实际取得的经济回报维持在较低水平甚至没有经济回报。

二是资本参与模式。2002 年《民办教育促进法》颁布以后，资本参与模式逐渐成为民办高校的主流发展模式。这种模式体现出投入多、标准高、发展快、收益高的办学特点，一举改变了之前的"三无"办学情况。在这种模式下，民办高校普遍具备独立的校址校舍、优越的办学设施和专职的教师团队等。这种模式将资本与教育资源整合到一起，在市场的作用下对教育资源进行合理配置，投资者通常具有较强的资金实力和丰富的教育资源，从而促使民办高校快速发展，并形成明显的竞争优势。

三是公有改制模式，即在保持原公办高校国有性的基础上对其财产所有权和办学法人财产权实行改革，民办高校运行管理实行董事会领导下的校长负责制。浙江万里学院是这种模式的代表。1998年年底，浙江省率先在全国范围内打破政府包办国有高校的模式，把陷入困境的浙江农技师专转由浙江万里教育集团举办，该校后改名为浙江万里学院，并被教育部定为公办高校实行新管理模式和机制改革的试点。改制后的浙江万里学院在省属公办高校原有基础上，通过学费滚动积累，积极改善办学条件，取得了很好的经济效益和社会效益。

四是依附发展模式。这种模式主要表现为独立学院借助原公办高校（母体）的有形和无形资产优势，利用国家鼓励发展民办高等教育的优惠政策，创办独立于母体学校、具有独立法人资格的民办高校。这种模式因为既能够较好地解决公办高校的闲置资源，又能为母体学校输送经费支持其发展，成为民办高校的主要发展模式之一。不论是企业还是私人投资举办独立学院，往往都带有经济方面的动因，正如北京邮电大学世纪学院这所独立学院的原董事长张杰庭所言："搞民办教育的同志都知道，大家办的这些学校没有不赚钱的，都在赚钱，而且从某种意义来说，教育是一种暴利行业，超过房地产行业的平均利润。"

三、投资逻辑对民办高校治理的影响

《民办教育促进法》强调民办高校是由国家机构以外的社会组织或个人利用非国家财政经费举办的。由于我国还没有建立起像美国那样成熟的捐赠文化，带有纯粹捐资色彩举办的民办高校凤毛麟角，绝大部分民办高校的出资者或举办者都带有或多或少的经济目的。正如邬大光教授所言："回顾我国民办高等教育发展的20年历程，我们可以作一个基本判断，即我国民办高等教育的基本特征或本质特征是投资办学而不是捐资办学。我国民办高等教育的大发展与投资办学这一特征相关，我国民办高等教育遇

到的困境也与这一特征紧密相关。"① 投资办学与捐资办学存在巨大差异，在法律和政策的顶层设计方面如果我们用捐资办学的思路而不考虑投资办学的因素，必然会导致民办高校管理的混乱。

投资办学往往具有以下三个特点。一是投资主体既可以是企业乃至国有企业，也可以是个人，学校通过多层次、多渠道广泛募集社会资金，突破了计划经济体制下政府包揽办学的模式。二是投资资本的动态性，即投资者对民办高校的投资不是一蹴而就的，而是一个动态的持续投入过程，这也与大部分民办高校都经历了一个"由小到大""由弱到强"的过程相吻合，一旦后续投入跟不上，学校很可能就会错失发展机遇。三是投资目的带有营利性：有产出的投入才是有效的投入。尽管政府提倡"办学不能以营利为目的"，但从《民办教育促进法》刚出台时允许民办学校可以取得合理回报，到分类管理改革政策允许民办学校可以选择营利性办学，事实上都是对投资办学营利性目的的法律认可，也是对投资者合法权益的维护。四是投资运行的灵活性，为了确保投入资金的安全并顺利取得回报，投资者往往会倾注大量精力以实现对学校的有效管理，因此民办高校的内部治理总体上呈现灵活高效的特征。

为了追求利润，投资办学类型的民办高校会通过各种途径来降低成本、提高效率，从而在办学活动方面体现出迎合市场需求、追求利润的本质特征。这主要表现为：第一，教育内容偏重实用性、应用型。在市场逻辑指导下，为了提高毕业生的竞争力，学校往往会控制通识教育内容，增加实践课程内容，侧重为学生提供与劳动力市场紧密相连的具体知识与技能。第二，学校与教师之间有着比较强烈的雇佣化色彩。由于实践课程优先于理论课程，同时出于成本控制的目的，该类民办高校聘请的教师学

---

① 邬大光.投资办学：我国民办高等教育的本质特征[J].广东教育学院学报，2006(12)：59-60.

历主要以硕士研究生为主，博士研究生占比较低，且多数教师与组织的关系是一种短期的聘用合同关系，而不是基于长期归属感的文化共同体和学术共同体的关系，这一点与公办高校差异比较大。第三，注重扩展规模，有集团化办学冲动。办学模式标准化可以使以往局限在校园之内的教学冲破围墙，推广到其他地区，从而大幅削减教学开发成本。第四，内部管理方面以扁平垂直的行政权力为主导。该类民办高校一般按照扁平、精简的原则设置内部组织机构，以加强操作执行层与决策层的直接沟通，同时降低管理费用和行政管理成本。

从理论和实践来看，资本具有天然的逐利性，只要是投资，就必然寻利。因此，用捐资办学的思路要求投资者不要回报甚至放弃产权显然不符合具体实际，但如果对投资者的经济活动不加以约束，使民办高等教育朝暴利行业的方向发展，则有违教育公益性的本质特征。任何教育机构，哪怕是民办高校，都应把公益置于优先位置，私益居于其后。投资办学必须首先满足社会成员对教育多元化的需求，实现社会公益性，然后才能在一定的法律监督下实现资本的寻利性。在原有的政策管治模式下，对捐资办学的民办高校扶持不到位，以及对投资办学的民办高校监管不到位，都会影响两类民办高校的健康发展。因此，国家提出要对民办高校进行分类登记、分类管理。法治环境的变化对营利性民办高校的法人治理产生了深刻的影响。

第二节 我国营利性民办高校法人治理的法治环境

一、分类管理改革的动因分析

在 2016 年《民办教育促进法》修订之前，依据国家法律和政策，民办高校出资者不得以营利为目的办学，民办高校在相关制度中被赋予非营利性的特征。根据1998年10月25日起施行的《民办非企业单位登记管理暂行条例》，分类管理之前民办高校都在民政部门登记为民办非企业单位法人。根据该条例，"民办非企业单位是指企业事业单位、社会团体和其他社会力量以及公民个人利用非国有资产举办的，从事非营利性社会服务活动的社会组织""民办非企业单位不得从事营利性经营活动"。但是，在民办高校办学过程中，由于民办高校举办者结构复杂，且不同主体在诉求上存在较大差异，民办高校相关管理制度亟待改革。一方面，一部分民办高校投资办学性质明显，举办者有着明确的营利动机和牟利需求；另一方面，一部分民办高校捐资办学色彩浓厚，需要得到政府更多的财政支持，但由于没有实行分类管理，政府很多扶持政策未能落地。为此，国家要充分尊重不同举办者在利益诉求层面的差异性，实现民办高校管理的进一步细化，有效地减少政策制定层面存在的漏洞，避免办学事故的发生。2016年修订的《民办教育促进法》为民办高校设定了分类标准，也以办学诉求为参照将举办者划分为不同的类型，由此开启了我国民办教育以实施分类管理为核心的新法新政时代。这部立法对于营利性、非营利性两类民办学校的产权属性作出规定，也从制度上对其运营作出安排，对两类学校享有怎样的政策支持作出解释，这是我国民办教育转型改革开始的标志性事件，促进了我国民办教育的规范化发展，为其办学指明了公益性的发展方向，也为营利性和非营利性两类民办高校畅通了各自的发展渠道。

推进民办高校分类管理改革，可以促进民办高校的健康发展，实现其预期办学目标，也可以为民办高校的发展创造良好的政策环境和制度支持，吸引更多优质资本进入民办高校，促进民办高校的更好发展。同时，在分类管理改革背景下，营利性民办高校与非营利性民办高校的划分有利于促进我国教育领域的多元化发展，有力地推动了高等教育体制改革和教育扶持政策的精准施策。只有在对民办高校进行准确分类的前提下，才能确保各项政策的制定、出台和执行，进而发挥政府部门在助力民办高校高质量发展中的作用，避免政府对民办高校的相关扶持与补助被挪作他用。

综上，在民办教育发展中实施分类管理，既与民办教育发展的历史有关，也与民办教育当前的发展形势有关。一是民办学校在最近三十年的发展中实现了快速发展和规模扩张，如果相关部门对民办教育的管理过于笼统、粗放，许多细节问题得不到解决，将会制约其发展。二是我国自改革开放之后，民办教育的发展选择了一条分化道路，国家需要对投资办学、捐资办学、滚动积累办学等不同形式的民办学校制定相应的政策。民办学校在发展中，国家层面不仅需要从整体上进行扶持，更需要分门别类地加以推进。三是受到特殊历史原因的影响，我国民办教育事业在发展过程中面临的最大问题就是营利性问题。当前民办教育实现了规模扩张，利益相关者拥有了更强的话语权，愈发凸显了营利性矛盾，国家需要对民办学校的营利性诉求予以政策回应。分类管理就是在这样的背景下产生的。

正如教育部有关负责人在回答记者有关民促法修订的相关问题时指出："实施分类管理有利于破解民办教育发展瓶颈，使民办学校在法人属性、产权归属等方面存在的问题和矛盾从法律层面上得以澄清和解决；实施分类管理有利于按照民办学校的法人属性分类落实财政、税收、土地等方面的扶持政策，拓展民办教育的发展空间。在分类管理制度下，非营利性民办学校可以获得政府更多扶持，提高办学质量，培育一批高水平的民办学校；营利性民办学校可以利用市场机制，创新教育产品，增加教育供给。"

二、分类管理改革对民办高校法人治理的影响

根据2016修订的《民办教育促进法》以及《民办学校分类登记实施细则》的规定，民办学校在取得审批机关颁发的办学许可证后，依法依规分类到登记管理机关办理登记证或营业执照，其中，符合《民办非企业单位登记管理暂行条例》的非营利性民办高校到民政部门登记为民办非企业单位，符合《事业单位登记管理暂行条例》的非营利性民办高校到事业单位登记管理机关登记为事业单位，营利性民办高校到工商行政管理部门登记为有限责任公司或股份有限公司。

分类管理新政的落地对营利性民办高校有着重要的意义，并进而直接影响到其法人治理的建构，其中最主要的影响体现在如下三个方面。

一是明确了法人属性。法人属性关系到民办高校的产权属性、社会地位、财产来源、税收种类、教师待遇等重要方面。法人属性不清是分类管理新政落地前困扰民办教育发展的首要障碍和源头问题，因为"民办非企业单位"的法律地位未能和上位法有效衔接，民办高校法人属性模糊、身份地位尴尬，部分民办高校举办者获取办学收益的行为一直处于"灰色地带"，面临合法性的拷问。营利性民办高校无论在工商行政管理部门登记为有限责任公司，或登记为股份有限公司，根据《民法总则》的界定，均属于营利性法人。该类法人系"以取得利润并分配给其股东等出资人为目的成立的法人"。在法人属性上，营利性民办高校具有与企业等一般营利性法人相同的组织属性，举办者享有学校日常办学结余（利润）和终止后剩余财产的分配权，这是其与非营利性民办高校最大的差异。

二是明晰了产权归属。明确的产权主体和清晰的产权边界是民办高校长远发展的基础，也是整个民办高等教育事业健康发展

的基本保障。分类管理之前，关于民办高校的产权问题，争议较多且难度较大的问题是有关法律法规对民办高校存续期间和终止办学后不同来源资产的产权归属界定不明晰，这致使学校资产混乱，举办者积极性受挫，从而影响了民办高校的治理和发展。根据2016年修订的《民办教育促进法》以及《营利性民办教育监督管理实施细则》的规定，营利性民办学校拥有法人财产权，学校存续期间，所有资产由学校依法管理和使用，任何组织和个人不得侵占、挪用、抽逃，且办学结余分配应当在年度财务结算后进行。办学终止时，营利性民办高校的剩余财产应依照《公司法》的有关规定处理。这就表明，营利性民办高校举办者享有对所投入资产的所有权，即办学结余分配权和剩余财产索取权。根据产权理论，清晰的产权结构是法人治理的基础，产权具备激励功能，产权明确了，产权所有者就会想方设法地优化要素组合，努力"把蛋糕做大"。对营利性民办高校举办者而言，在清晰地预见到可分配办学结余后，一定会努力提高办学水平和经营效益，使合理合法合规地获取办学结余成为可能。

三是明示了行为边界。首先是管理边界。2016年修订的《民办教育促进法》及其系列配套文件对董事会、校长、党组织、监事会等权力主体的权责都作出了相关规定，尤其是《民办教育促进法实施条例》以列举的形式明确了民办学校举办者及实际控制人、决策机构或者监督机构组成人员会受到法律责任追究的事项。其次是管理机制。相关法律法规、政策文件要求民办高校应建立完善的信息披露机制、监督机制、年度财务审计机制、关联交易机制、变更终止审核机制等。最后是营利边界。为防止营利性民办高校以追求利润最大化为目标，忽视办学投入，影响教育质量，《民办教育促进法》及其配套文件通过相关条款的设定引导举办者向公益性办学方向发展，主要包括：①将公益性价值摆在营利性追求前面，如《营利性民办学校监督管理实施细则》第三条强调,"营利性民办学校应当坚持教育的公益性,始终把培养高素质的人才、服务经济社会发展放在首位,实现社会效益与经济效益的统一";②通过对收费用途和支出事项的规定将民办学校的营利性尽可能控制在合理范围。例如,在收费方面,《民办教育促进法实施条例》第四十二条规定:"民办学校应当建立办学成本核算制度,基于办学成本和市场需求等因素,遵循公平、合法和诚实信用原则,考虑经济效益与社会效益,合理确定收费项目和标准。"再如,在经费支出方面,《民办教育促进法》第三十八条规定:"民办学校收取的费用应当主要用于教育教学活动、改善办学条件和保障教职工待遇。"《民办教育促进法实施条例》第三十六条规定:"民办学校应当依法保障教职工待遇,按照学校登记的法人类型,按时足额支付工资,足额缴纳社会保险费和住房公积金。""实施学前教育、学历教育的民办学校应当从学费收入中提取一定比例建立专项资金或者基金,由学校管理,用于教职工职业激励或者增加待遇保障。"第三十九条规定:"实施学历教育的民办学校应当建立学生资助、奖励制度,并按照不低于当地同级同类公办学校的标准,从学费收入中提取相应资金用于资助、奖励学生。"第四十六条规定:"营利性民办学校应当从经审计的年度净收益中,按不低于年度非限定性净资产增加额或者净收益的10%的比例提取发展基金。"

三、营利性民办高校设立与监管趋势

根据教育部《2020年全国教育事业发展统计公报》公布的数据:"全国共有各级各类民办学校18.67万所,比上年减少4 820所,占全国比重34.76%。"2002—2020年,我国民办高校数量由2002年的173所增长到2020年的771所,占普通高校数量的28.16%。同时,随着民办高校数量的增加,招生规模也在进一步扩大,2020年民办高校普通本专科招生人数达

236.07万人，较2019年增加16.38万人，同比增长率为7.5%；在校生人数为791.34万人，比上年增加82.51万人，增长率为11.64%；硕士研究生招生人数为1 260人，在校生人数为2 556人。随着民办高校的兴起和发展，我国高等教育总体规模不断扩大，实现了外延规模的不断扩大以及内涵质量层面的有效提升，促进了教育多元化格局的形成，满足了人民群众多样化的高等教育需求。

随着国家经济发展和社会进步，我国人民的生活水平不断提升，可支配收入也持续增长，人们更加意识到教育的重要性，为推动我国高等教育的发展注入了需求端活力。根据头豹研究发布的《2020年中国民办高等教育龙头分析概览》中公布的民办高等教育渗透率，民办高等教育因其专业设置灵活以及关注校企合作、产教融合等，逐步受到国民的更多关注。同时，在激烈的竞争形势下，民办高等教育凭借自身优势，其渗透率有希望进一步提升。根据相关统计数据，我国民办高等教育行业的总收入由2016年的829亿元增加至2018年的1 180亿元，复合年增长率为9.2%，2023年预计将增加至1 637亿元。

从目前我国民办高校的发展情况来看，民办高等教育的发展主要受以下三种驱动因素的影响。第一，教育普及化以及多元化的教育需求驱动民办高等教育的发展。随着国民经济的快速发展，国民收入不断增加，生活条件逐步改善，对教育的认知不断提升，对教育的投入不断增加。在这种情况下，一些无法进入公办高校的学生逐步将关注点转向民办高等教育。第二，在激烈竞争形势下，社会对技术人才的需求不断增长，驱动民办高等教育快速发展。新时代下，我国经济逐步由高速发展转向高质量发展，产业转型升级对优秀应用型人才的需求不断扩大。民办高等教育越来越关注市场对技术技能型人才日益增长的需求，高度重视开展应用型专业教育，以满足社会对应用型人才的迫切需求。

第三，民办高等教育自身内涵式高质量发展的目标驱动民办高校向高质量专业化发展，不断提升人才培养质量。随着民办高等教育的快速发展，民办高校与公办高校之间的竞争日趋激烈，民办高校越来越关注自身教育质量的改善和提升，追求实现自身内涵式高质量发展。

截至 2020 年 12 月，全国 31 个省（自治区、直辖市）政府均已颁布落实民办教育分类管理的实施文件。但国家层面的法律法规并未设置分类管理的具体过渡期，而是授权省级政府自主决定过渡期。由于各省市分类管理的实施进度不一，目前严格意义上的营利性民办高校还不多见。现有营利性民办高校主要包括两种类型：一种是现有民办高校重新选择登记为营利性民办高校，这种高校基本集中在分类管理推进最快的上海市，包括上海建桥学院、上海立达学院、上海工商外国语职业学院、上海思博职业技术学院、上海震旦职业学院、上海民院职业技术学院；另一种是新设立的民办高校直接选择登记为营利性民办高校，如北海康养职业学院、贵州民用航空职业学院、云南理工职业学院等。严格意义上的营利性民办高校应该取得"双证"，即教育主管部门颁发的办学许可证和工商行政部门颁发的营业执照。

《民办教育促进法》第十九条规定，"民办学校的举办者可以自主选择设立营利性或者非营利性民办学校"。因此，鉴于我国民办高校绝大多数属于投资办学性质，随着各省市分类登记进度的加快，今后营利性民办高校的数量还将进一步增加。上海市教育科学研究院进行的一项民办学校举办者意愿调查显示，超过半数（56.5%）的举办者倾向于选择转设为营利性民办学校。而根据办学层次进一步细分，在民办高校方面，有 36.9% 的举办者倾向于选择转设为营利性民办高校。在对营利性学校的认知与态度上，超过六成的受访者表示无所谓营利还是非营利，只要教育质量过硬就可以。由此可见,教育质量和教育结果是我国居民在择校时考虑的首要因素。

随着各地分类管理的推进,今后营利性民办高校将成为中国高等教育一支不可忽视的力量。为进一步加强对营利性民办学校办学行为的监管,国家在相关法律法规和政策文件中作出了系列规定。综合《民办教育促进法》《营利性民办学校监督管理实施细则》《民办教育促进法实施条例》《关于加强民办学校党的建设工作的意见(试行)》等,我们可以发现国家对营利性民办高校监管的新趋势和新要求,如进一步加强党的领导、规范营利民办高校经济活动、强化营利性民办高校内控和监督体系建设等。

四、营利性民办高校法律规制的冲突与调适

随着分类管理的实施,市场监督部门和教育行政部门都要承担对营利性民办高校进行管理的责任,既要让营利性民办高校更好地承担教育责任,也要让学校治理与《公司法》中的规定保持一致。营利性民办高校怎样才能在保证教育公益性的基础上对公司治理经验加以借鉴,是摆在举办者与办学者面前的重大课题。

目前,营利性民办高校作为营利法人,在市场监管部门登记为有限责任公司或股份有限公司,这意味着其要遵循《公司法》要求开展运营,但《公司法》的相关条款和分类管理前民办高校法人治理的具体实践之间存在着较大的偏差,甚至存在冲突的情况。现代公司制度是在所有权和控制权分离基础上,基于委托代理理论构建起来的。根据《公司法》精神,股东大会是公司的权力机构,董事会既是股东大会的执行机构,也是经营决策机构。在分类管理前,民办高校的董事会是学校最核心的决策机构,校长负责执行董事会的决策。对比《公司法》和《民办教育促进法》相关条款,我们可以发现两者在相关权责的界定上存在模糊或冲突之处(表3-1)。

表 3-1 《公司法》和《民办教育促进法》对权力主体的权责界定

权力主体	《公司法》规定的权责	《民办教育促进法》规定的权责
股东大会	1. 决定公司的经营方针和投资计划；2. 选举和更换非由职工代表担任的董事、监事，决定有关董事、监事的报酬事项；3. 审议批准董事会的报告；4. 审议批准监事会或者监事的报告；5. 审议批准公司的年度财务预算方案、决算方案；6. 审议批准公司的利润分配方案和弥补亏损方案；7. 对公司增加或者减少注册资本作出决议；8. 对发行公司债券作出决议；9. 对公司合并、分立、解散、清算或者变更公司形式作出决议；10. 修改公司章程；11. 公司章程规定的其他职权	无
董事会	1. 召集股东会会议，并向股东会报告工作；2. 执行股东会的决议；3. 决定公司的经营计划和投资方案；4. 制订公司的年度财务预算方案、决算方案；5. 制订公司的利润分配方案和弥补亏损方案；6. 制订公司增加或者减少注册资本以及发行公司债券的方案；7. 制订公司合并、分立、解散或者变更公司形式的方案；8. 决定公司内部管理机构的设置；9. 决定聘任或者解聘公司经理及其报酬事项，并根据经理的提名决定聘任或者解聘公司副经理、财务负责人及其报酬事项；10. 制定公司的基本管理制度；11. 公司章程规定的其他职权	1. 聘任和解聘校长；2. 修改学校章程和制定学校的规章制度；3. 制定发展规划，批准年度工作计划；4. 筹集办学经费，审核预算、决算；5. 决定教职工的编制定额和工资标准；6. 决定学校的分立、合并、终止；7. 决定其他重大事项
经理/校长	1. 主持公司的生产经营管理工作，组织实施董事会决议；2. 组织实施公司年度经营计划和投资方案；3. 拟订公司内部管理机构设置方案；4. 拟订公司的基本管理制度；5. 制定公司的具体规章；6. 提请聘任或者解聘公司副经理、财务负责人；7. 决定聘任或者解聘除应由董事会决定聘任或者解聘以外的负责管理人员；8. 董事会授予的其他职权	1. 执行学校理事会、董事会或者其他形式决策机构的决定；2. 实施发展规划，拟订年度工作计划、财务预算和学校规章制度；3. 聘任和解聘学校工作人员，实施奖惩；4. 组织教育教学、科学研究活动，保证教育教学质量；5. 负责学校日常管理工作；6. 学校理事会、董事会或者其他形式决策机构的其他授权

由表3-1可知，由于《民办教育促进法》将原本属于公司股东大会的权限以列举的形式明确为营利性民办高校董事会的权限，这事实上创设了不设股东大会、只设董事会并以董事会为权力机构的特殊的公司制度，即将原本属于股东大会的部分核心权力让渡给了董事会。分类管理后，营利性民办高校的董事会其实是权力机构和决策机构的统一。从积极的一面来讲，这样的制度安排为国家和政府防止出资者（股东）过度干预营利性民办高校的重大决策和日常经营立下了一道"防火墙"；从消极的一面来讲，这一安排容易侵害出资者（股东）的权益，无法有效发挥产权的激励和约束功能，影响营利性民办高校治理效能的提升。

总之，营利性民办高校法人治理机制的构建，既涉及外部治理的问题，也涉及内部治理的问题，营利性民办高校要结合《民办教育促进法》和《公司法》的精神设定合理的治理结构，通过制度性条款对举办者作出的重大决策要有完善的监督机制，在出资者与董事会之间设立清晰的职权界线，协调好彼此之间的关系，避免出现履职盲点，杜绝逾越职权等情况。

第三节 营利性民办高校法人治理的外部要求

市场化改革的推进为民办教育的发展夯实了基础，仅从教育本质上看，我们不能简单地将其归之于市场领域，但教育如果具有营利性特征，则意味着教育与市场实现了充分整合。经过四十多年的改革开放，民间资本实现了快速发展，需要拥有更为广阔的投资空间，其中一部分就会挺进教育领域。国家层面对社会资本和社会力量进入教育领域总体上是予以鼓励和支持的，这对民间投资涌入教育领域起到了促进作用。

从经济环境来看，高等教育市场化改革的逐步推进为促进我国营利性民办高等教育的发展提供了坚实的基础。营利性教育是教育与市场结合的产物，且随着市场的发展而进一步发展。在国家政策的有力引导下，大量的民间优质资本流向教育领域。例如，2010年5月1日印发并实施的《国务院关于鼓励和引导民间投资健康发展的若干意见》（国发〔2010〕13号）就指出"鼓励民间资本参与发展教育和社会培训事业"。一直以来，国家虽然将支持捐资办学和非营利性民办学校作为重点发展方向，但在尊重民间资本寻利特性的基础上，我国对民办教育实施了分类管理改革。今后，我国营利性民办高校也将获得发展机遇和发展空间。但有些举办者一味牟取私利，导致民办高等教育发展质量令人担忧。国家层面意识到问题的严重性，制定了一系列相关规定来管理民办高校。

总的来说，现实外部环境对营利性民办高校法人治理提出了如下要求。

一、突出教育公益性对资本逐利性的约束

营利性民办高校走的是市场化发展之路，资产具有私有化特征，投资者希望获得较高的经济收益，营利性是其办学行为的基本特征。同时，此类高校也承担着培养人才的责任，要让学生获得系统的知识技能，以个人全面提升促进社会发展，这意味着营利性民办高校要创造公共利益并承担社会责任，具有鲜明的公益性特征。与公办高校和非营利性民办高校相比，营利性民办高校在运营中对公益性属性的重视不足，甚至会弱化公益性办学目标，其明显的营利性行为引起了人们的担忧。因此，怎样化解营利性与公益性之间的矛盾，怎样才能让学校进一步彰显公益性，创造更高的社会效益，这些都是营利性民办高校在发展中要及时回应的问题。

在公益性与营利性的权衡之中，营利性民办高校首先要关注

的是前者，不管是分配资源还是运行权力，都要优先实现教育目标，保障师生权益，协调好多个利益相关者的关系，合理为其分配权责权重。营利性民办高校的运营以市场机制为引领，在充分体现出公益性的过程中要重点关注如下几点。

一是以教学为中心。民办高校设立了多样化的内部组织机构，每一个机构在有序运行中都离不开资源的支撑，只有以培养人才为核心投入与分配资源，才能促进学校的长远发展。为此，行政权力主体应采取各种管理措施盘活教育资源、维持教育秩序；政治权力主体要为我国与高等教育有关的思想政治教育政策的落实提供保障，避免人才培养偏离正确方向；学术权力主体在分析问题与探究的过程中要形成良好的学术情操，营造良好的教学与科研氛围；监事权力主体要将内部控制当成重要依托，维护学校的稳健运行。

二是对"以学养学"模式进行调整。在我国，多数民办高校在促进学校发展过程中将收取学费当成重要的资金来源，导致学费收入占比过高，难以形成合理的资金结构。这种学校收入渠道过于单一的问题，会对教学投入产生不良影响，难以为教育教学工作的开展带来良好的物质保障。如果资金来源过于单一，资金链条就容易出现断裂的情况，从而引发办学风险。因此，营利性民办高校要着力改变资金来源单一的局面，通过创收、募捐等多种方式增加收入来源渠道。

三是营利性民办高校在回报与收入方面要做到合法、合理，严格执行国家设定的标准。在宏观层面上，我国已经着手对民办高校资金的运行情况进行指导，设定了原则并提出了意见。在微观层面上，随着各项改革措施的实施与落实，营利性民办高校需要视自身情况主动作为。对营利性民办高校资金收入设定标准化规定，不仅能避免学校治理主体在创造经济效益的过程中出现短视行为，也能让学校进一步彰显公益性属性。营利性民办高校要遵循公正公开的原则持续完善收益分配机制，灵活运用市场机制分配资源，激发所有治理主体的热情，共同致力于利益平台建设，在做强做大利益平台的基础上更好地满足各利益主体的诉求。

二、落实立德树人根本任务需要全面加强党的建设

2021年5月修订颁布的《民办教育促进法实施条例》规定："民办学校应当坚持中国共产党的领导，坚持社会主义办学方向，坚持教育公益性，对受教育者加强社会主义核心价值观教育，落实立德树人根本任务。""民办学校中的中国共产党基层组织贯彻党的方针政策，依照法律、行政法规和国家有关规定参与学校重大决策并实施监督。"此外，该条例在第二十七条中强调了监督机构中应有党的基层组织代表。因此，党组织在民办高校治理体系中发挥着重要的作用，党组织及党建工作在民办高校治理体系中的作用应进一步强化。

第一，加强党建工作是办好我国民办高校的必然要求。营利性民办高校是民办高等教育的重要组成部分。《民办教育促进法》等一系列法律文件明确地强调了党在民办高校发展中的重要地位，并以法律的形式确立了党的政治领导地位，要求民办高校重视党建工作，以推动民办高校健康可持续发展。

第二，党组织各项工作的开展可以引导营利性民办高校坚持正确的办学方向。党组织作为政治领导核心，应确保营利性民办高校的社会主义办学方向，即始终坚持教育的公益性。同时，党组织参与营利性民办高校法人治理，可以规范营利性民办高校相关人员的思想和立场，确保营利性民办高校未来的发展方向以及人才培养的价值取向等，突出社会效益在营利性民办高校建设与发展中的重要位置。

第三，加强党组织建设可以强化对营利性民办高校的监督。

党组织负责人应积极地参与到营利性民办高校的各项事务当中，在发挥政治核心作用的基础上，明确自身在依法监督营利性民办高校各项事务中的决策参与权，在充分尊重学校办学自主权的前提下积极主动地参与监督，确保民办高校内部权力的正确行使，从而有力地推动营利性民办高校的健康发展。

三、赢得社会认同必须实现规范化高质量发展

民办高校自诞生以来，在社会地位、社会认同等方面一直都无法和公办高校相比。民办高校的学生也容易被贴上"高考失败者"的标签，进入民办高校就读是其不得已而为之的选择。社会上对民办高校也有着种种误解，其中比较典型的观点有两种：一种是民办高校企业论，即将民办高校等同于民营企业，其主要目的就是赚钱；另一种是高等教育纯粹论，即不论是公办还是民办，只要是高校就不能有营利行为。民办高校一旦出现重大办学事故或风险，问题往往容易被放大，被贴上"不规范""低质量""收费乱""宣传假"等标签，且容易由个案牵连到整个群体。与非营利性民办高校相比，营利性民办高校的社会认同度更低，因为营利性民办高校具有鲜明的"营利性"属性，是在工商行政部门注册登记的公司。由于社会普遍对"营利性"属性的认识还不到位，认为非营利性才等于公益性，而营利性民办高校纯粹就是为了追求利润。这就导致社会和公众对营利性民办高校的抵触不仅表现在心理上的不认同，而且表现在行动上的不支持。[①]

实践证明，有相当一部分民办高校充分发挥自身体制机制优势，立足应用型办学定位，着眼服务地方经济社会发展，办出了特色，办出了声誉，其竞争力并不弱于一些普通公办高校，在所在省市乃至全国都产生了积极正面的影响。因此，营利性民办高

---

① 宋广伟.论我国营利性民办高校"社会抵触现象"的突围策略[J].黑龙江高教研究,2017(4):48-53.

校要实现健康稳定的发展，必须要营造良好的外部环境，尤其是取得社会认同。这主要应从以下两个方面着手。

一是着力实现规范化发展。自 2016 年《民办教育促进法》修订以来，国家和地方相继出台了一系列促进民办教育规范发展的配套法律法规和政策文件，营利性民办高校举办者和办学者要深入学习领会这些法律法规和政策文件的精神，切实做到依法治校、合规办学、规范管理，确保一切办学行为都在法律法规和政策文件的框架下进行。营利性民办高校还应重视和加强内部的民主管理，因为营利性民办高校利益相关者复杂多样，学校要权衡各利益主体的相关权益，逐步建立起自主管理、民主监督、社会参与的内部管理机制，确保办学行为的合规性和有效性。营利性民办高校尽管在法人属性上属于公司法人，可以借鉴公司治理的成熟经验，但在办学过程中千万不能照搬企业的经营理念和管理模式，而是要尊重教育教学规律，将师生权益置于举办者权益之前，注重倾听不同利益相关者的呼声。

二是着力实现高质量发展。营利性民办高校实现高质量发展的前提是切实将公益性摆在优先位置，根据相关法律法规的要求，不断改善办学条件，提高教师待遇，同时对照政府的各类评估评价指标体系，不断完善内部质量保障体系。此外，营利性民办高校还应从关注组织外部环境转向关注组织内部环境，从过度关注制度环境转向侧重技术环境，提高教育能力、科研能力、服务能力等内部生产技术和组织效率，提高学科水平和教育教学质量，并围绕此目标开展学科、专业、课程等诸多层次的改革，不断创新人才培养模式，在资源有限的情况下有效利用各类办学资源，推动人才培养水平持续提升。总之，营利性民办高校要善于利用其体制机制优势，坚持开门办学、产教融合，吸纳社会各界力量共同参与教育教学乃至内部治理，确保学校发展始终紧跟市场发展要求。

第四章

营利性民办高校法人治理现状调查与分析

第一节 营利性民办高校法人治理调查设计

一、调查对象

营利性民办高校主要有两种类型：一种是在 2016 年 11 月 7 日《民办教育促进法修正案》颁布之后新设立的民办高校，这种民办高校在设立的时候直接登记为营利性民办高校；另一种是在 2016 年 11 月 7 日《民办教育促进法修正案》颁布之前已存在的民办高校，这种民办高校是在重新选择时登记为营利性民办高校的。对于存量民办高校重新选择登记为营利性民办高校的，绝大部分省市都对其转设时间设置了过渡期，要求其在规定期限内完成转设为营利性民办学校的全部手续。我们通过爱企查平台查询了在工商行政部门登记的营利性民办高校公司法人，并依据教育部网站关于新设置高校的公示材料，发现截至 2021 年 12 月 31 日有据可查的营利性民办高校共有 16 所（表 4-1）。

需要强调的是，表 4-1 中列示的营利性民办高校只是标注了其在工商行政部门登记的时间，并不代表其登记的时候已经是完全意义上的营利性民办高校，因为严格意义上的营利性民办高校应具备两项要件：一是工商行政部门颁发的营业执照，二是教育主管部门颁发的办学许可证。以上海 6 所转设的营利性民办高校为例，其取得营利性民办学校办学许可证的时间均晚于营业执照的取得时间。

表 4-1 营利性民办高校概览

序号	学校名称	工商登记全称	所属地区	工商登记时间	性质
1	上海工商外国语职业学院	上海工商外国语职业学院有限公司	上海	2019年06月26日	转设
2	上海思博职业技术学院	上海思博职业技术学院有限公司	上海	2020年01月10日	转设
3	上海震旦职业学院	上海震旦职业学院有限公司	上海	2020年02月17日	转设
4	上海建桥学院	上海建桥学院有限责任公司	上海	2020年09月28日	转设
5	上海立达学院	上海立达学院有限公司	上海	2021年06月24日	转设
6	上海民远职业技术学院	上海民远职业技术学院有限公司	上海	2021年08月12日	新设
7	云南理工职业学院	云南理工职业学院有限公司	云南	2018年02月11日	新设
8	哈尔滨北方航空职业技术学院	哈尔滨北方航空职业技术学院有限公司	黑龙江	2018年06月08日	新设
9	湖北孝感美珈职业学院	湖北孝感美珈职业学院有限责任公司	湖北	2019年09月16日	新设
10	青岛航空科技职业学院	青岛航空科技职业学院有限公司	山东	2020年04月02日	新设
11	贵州民用航空职业学院	贵州民用航空职业学院有限公司	贵州	2020年05月19日	新设
12	绵阳飞行职业学院	绵阳飞行职业学院有限公司	四川	2020年06月10日	新设
13	唐山海运职业学院	唐山海运职业学院有限公司	河北	2020年08月12日	新设
14	宿州航空职业学院	宿州航空职业学院有限责任公司	安徽	2021年07月01日	新设
15	北京康养职业学院	北京康养职业学院有限公司	广西	2021年04月06日	新设
16	唐山轨道交通职业学院（筹备）	唐山轨道交通职业学院筹备有限公司	河北	2021年10月28日	新设

表 4-1 中 6 所转设的营利性民办高校的办学时间较长，是本文的主要调查对象。表 4-1 中 10 所新设的营利性民办高校的办学时间均较短，招生最早的高校是于 2020 年开始招生的青岛航空科技职业学院，甚至还有的院校仅是完成了工商登记，尚未完成教育部新建院校设置备案，也没有取得营利性民办学校办学许可证（如唐山轨道交通职业学院）。因此，这 10 所新设的营利性民办高校并不适合作为本文的调查对象。为扩大调查范围，本书将调查对象扩展至部分在境外上市的国内民办高教集团旗下的民办高校（详见附录 2：民办高校境内外上市情况概览）。这些民办高校尽管还未转设为营利性民办高校，但其办学产生的利润已通过合并财务报表的形式转移至上市公司，具有明显的营利性目的和营利性行为。

基于这样的考虑，本书选取了上海建桥学院、上海立达学院、上海思博职业技术学院、上海工商外国语职业学院、上海震旦职业学院、上海民远职业技术学院，以及中教控股集团运营的江西科技学院、广东白云学院、海口经济学院、成都锦城学院、重庆外语外事学院、烟台科技学院，民生教育集团运营的重庆人文科技学院、重庆电信职业学院、云南大学滇池学院、重庆工商大学派斯学院，希望教育集团运营的西南交通大学希望学院、贵州财经大学商务学院、贵州大学科技学院、银川能源学院、南昌大学共青学院，新高教集团运营的云南工商学院、湖北民族大学科技学院、哈尔滨华德学院、兰州理工大学技术工程学院、贵州工商职业学院、洛阳科技职业学院、广西英华国际职业学院，中国新华教育集团运营的安徽新华学院、南京财经大学红山学院作为研究对象。

本次为抽样调查，即针对以上 30 所营利性民办高校中的管理者、师生代表开展问卷调查，梳理营利性民办高校法人治理的目标和诉求，了解营利性民办高校法人治理的基本情况，为相关研究的开展提供数据和资料。

二、调查问卷设计及实施过程

（一）调查问卷设计

本书结合营利性民办高校法人治理结构涉及的不同层面问题，设计了"关于营利性民办高校法人治理问题的调查问卷"。该问卷涉及被调查者的基本情况，被调查者对营利性民办高校法人类型、治理主体、治理结构的认知和评价，营利性民办高校法人治理的现状及存在的问题，以及被调查者对完善营利性民办高校内部治理机制的相关建议等内容（详见附录1）。

（二）调查问卷实施

调查问卷设计完成后，我们在一定范围内选取了营利性民办高校中各类被调查对象开展预调研，包括举办者、校领导、党组织负责人、中层骨干以及从事民办教育研究的若干专业人员，主要目的是对问卷的结构和内容进行优化。在收到这些人员的意见反馈后，我们对调查问卷进行了修改和完善，并最终定稿。正式的调查问卷于2021年10月正式发放。我们在调查问卷发放过程中采用问卷星在线调查系统，通过网络渠道发放问卷625份，回收有效问卷542份，回收率为86.72%。

三、调查问卷的信度和效度检验

为确保本次问卷调查获取的调查数据等资料的真实性以及最终获得的调查结果的可靠性，我们对调查问卷进行了效度和信度检验，并根据预调研反馈的实际问题，对调查问卷中涉及的相关内容及选项予以优化和完善。

（一）信度检验

信度检验主要针对可靠性予以检验，通常是利用相同调查方法针对相同调查对象进行重复测量，进而对重复测量结果的一致性予以评价。在针对本次调查的信度检验中，我们运用SPSS19.0软件，采用Cronbach's alpha（克朗巴哈系数）法对调查问卷所设计的各个问题包含的选项进行计算。结果表明，各选项的Cronbach's alpha范围为0.73～0.81，即调查问卷中各题项得分间的一致性较高，调查问卷内容具备可信性。

（二）效度检验

效度检验主要侧重评价调查问卷的有效性。常见的效度检验类型包括内容效度检验、结构效度检验以及准则效度检验等。本次调查问卷的效度检验主要为内容效度检验，即检验问卷的内容是否与问卷的目的相符，进而判断问卷结果是否反映了所要调查的问题。本书所设计的调查问卷主要用于调查营利性民办高校法人治理现状及存在的问题。因此，我们根据营利性民办高校的特征选择不同的抽样群体，并结合专业人士的建议、被调查者的意见，多次对调查问卷内容予以优化和完善。经过效度检验，测验题目对有关内容取样的适用性较高，测验结果是所欲测量目标的代表性取样，即调查问卷具备有效性。

第二节 营利性民办高校法人治理调查问卷结果分析

一、调查对象的基本情况

我们首先对被调查对象的基本情况进行了调查，包括其在营利性民办高校中担任的职务以及工作年限等信息，采用单选题的形式进行问卷调查。调查结果表明，被调查对象主要包括校级管理者、中层管理人员、普通教职工（含教师和行政人员）以及在校学生等营利性民办高校法人治理的利益相关群体。同时，我们在抽样调查中对各类人员的占比情况进行了分析，结果表明，校级管理者的占比为7%，中层管理人员的占比为12%，普通教职工（包括教师和行政人员）占比为62%，在校学生的占比为19%。在抽样调查中，我们还对除学生以外的被调查者的工作年限进行了分析，结果表明，调查样本中工作年限为1年的占比为6.28%，1~3年的占比为31.94%，3~5年的占比为34.03%，5年以上的占比为27.75%。其中，工作年限在3年以上的合计占比为61.78%。

二、调查内容分析

（一）关于营利性民办高校利益相关者的权力排序情况

针对"您认为您所在的学校治理结构中利益相关者主体的权力情况排序"这一问题，在举办者、董事会、校长、党组织、教师、学生权力状况排序中，有67%的被调查者表示举办者在学校治理结构中的权力情况排在第一位，将董事会排在第一位的被调查者人数占总人数的19.43%，将校长排在第一位的被调查者人数占总人数的9.70%，而将党组织排在第一位的被调查者人数占比为3.87%。结果如图4-1所示。

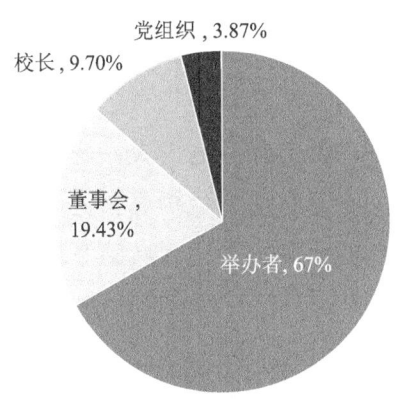

图4-1 营利性民办高校利益相关者权力最大者排序占比情况

由此可见，参与本次调查的被调查者普遍认为，举办者和董事会是营利性民办高校治理结构中权力较大的利益主体。这说明在营利性民办高校的多个利益主体的博弈中，产生决定性影响的通常是举办者与董事会。同时，这一点也在"以下关于本校董事会、举办者、校长之间关系的说法，请勾选您认同的选项"这一问题中得到了印证，即有 71.4% 的被调查者认为"举办者决定学校的各项重大事项"。

（二）关于董事会成员的构成情况

在"您所在的学校中董事会构成成员都包括哪些"这一多选题的调查问卷反馈结果统计中，我们根据被调查对象类别进行了分类分层统计。统计结果显示：学生类别的被调查者同时勾选投资方和校长选项的占被调查人数总数的 50.1%，而勾选不清楚选项的占比为 49.7%；校级管理者、中层管理者、教职工类别的被调查者同时勾选投资方和校长选项的占被调查人数总数的 63.1%，同时勾选投资方、校长与党组织负责人选项的占被调查人数总数的 47.2%，同时勾选投资方、校长、党组织负责人、教职工选项的占被调查人数总数的 17.4%，而勾选不清楚选项的占比为 21.5%。

根据以上反馈结果可知，参与调查的被调查群体中有一半以上的人认为董事会主要构成人员是投资方和校长。同时，有近一半的学生被调查者不清楚董事会的构成，这在一定程度上反映出营利性民办高校中关于董事会成员构成相关信息的披露不足，也在一定程度上反映出部分群体在营利性民办高校法人治理中的参与不足。

（三）关于监事会参与营利性民办高校法人治理的情况

在关于营利性民办高校法人治理情况的调查中，监事会参与学校治理相关情况的反馈结果如图 4-2 所示。

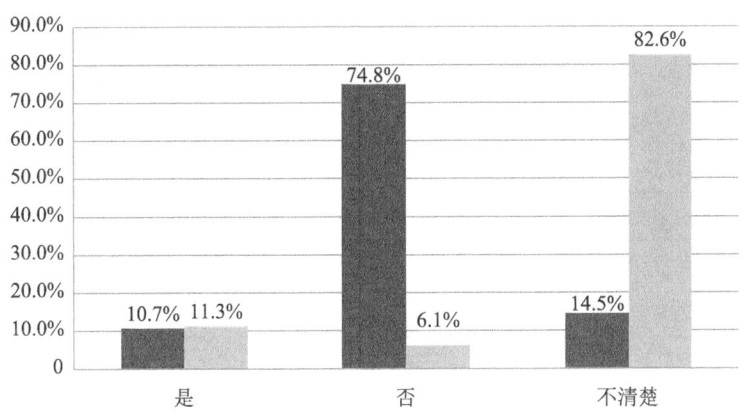

图 4-2　营利性民办高校监事会参与学校治理相关情况的反馈结果

本题只统计了针对一般行政工作人员的答卷。我们从图 4-2 可以看出，针对"学校是否设立了类似监事会的监督机构"这一问题，认为学校未设立专门监督机构的人数占比达到了 74.8%，认为学校设立了监督机构的受访者占比只有 10.7%。在关于被调查者所在学校监事会主席是兼职还是专职的调查中，82.6% 的参与者表示不清楚。因为明确设有监事会的学校过少，所以继续探讨后续的董事会与监事会两大机构之间是何种关系、监事会成员任命、监事会人数等问题已经没有实质性意义。由此可以看出，在许多营利性民办高校中，其所设立的监督机构与其自身法人治理所需的真正监督职能之间存在较大差距。

（四）关于营利性民办高校法人治理主体的情况

我们在本次调查问卷中围绕营利性民办高校法人治理结构设计了"您认为您所属的营利性民办高校中法人治理主体应当包括哪些""在您所属的营利性民办高校中法人治理主体包括哪些"等多选题，从应然、实然两个角度对调查数据进行梳理，从而反映了营利性民办高校法人治理结构情况，如表 4-2 所示。

表 4-2　营利性民办高校法人治理主体的应然状态与实然状态对比

治理主体	应然状态的占比	实然状态的占比
董事会	96.4%	100%
校长	99.4%	83.6%
学术委员会	93.4%	38.4%
党组织	98.6%	77.5%
监事会	84.3%	24.5%
教师	54%	7.4%
学生	52.7%	2.3%

表 4-2 表明：第一，在实然状态下，所有的参与者都认为"董事会是营利性民办高校治理主体"。此外，在关于行政主体的问答中，有 63.1% 的参与者选择了"董事会"。根据这一情况我们可以看出，在营利性民办高校治理中，董事会权力的覆盖既广又深；第二，在当前营利性民办高校的权力格局中，党、政系统的权力发挥没有达到应然状态，存在着明显的"式微"倾向，其管理力度有所不足，未体现出应有的地位和作用，而教职工代表、学生代表、学术委员会、监事会等人员及组织更是没有发挥出应有的监督管理作用。

（五）关于校长在营利性民办高校中的职权情况

根据调查问卷中设计的"您所在学校中行使行政权的主体有哪些""您所在学校的董事会与校长之间的权限是否清晰"等问题的调查反馈数据我们可以看出：第一，关于"您所在学校中行使行政权的主体有哪些"这一问题，有 91.6% 的参与者认为校长是营利性民办高校中行使行政权的主体，有 62.5% 的参与者认为董事会是营利性民办高校中行使行政权的主体；第二，关于"您所在学校的董事会与校长之间的权限是否清晰"这一问题，仅有 9.6% 的参与者表示其所在学校校长与董事会之间有清晰的责权界限和分明的工作分工。我们根据这一反馈结果可以看出，营利性民办高校在内部治理结构层面依然缺乏足够的合理性和科学性，从而造成董事会决策权与校长行政权之间的界限模糊。

（六）关于教师与学生作为营利性民办高校利益相关者参与学校治理的情况

针对普通教师和在校学生两类调查对象，调查问卷中设计了"您所在学校的教职工通过教代会参与民主监督的程度""您所在的学校教代会参与内部治理的内容包括""您所在的学校学生代表参与学校治理的活动包括""您对学校教职工代表大会的了解程度""学校对学生参与活动的支持力度""学校对教师参与活动的支持力度"等问题。调查结果表明：第一，在关于学生与教职工代表参与学校内部治理情况的调查中，71.4%的被调查者认为在营利性民办高校中学生几乎没有机会参与学校治理，28.6%的被调查者认为学生有机会参与到学校治理之中；85.4%的被调查者认为教职工有机会参与到学校治理当中，且教师参与的内容主要以党建工作与思政工作为主。第二，在关于学校对教职工参与治理、学生参与治理支持力度的调查中，76.2%的被调查者表示学校对教职工参与治理的支持力度较低；83.7%的被调查者认为学校对学生参与治理的支持力度非常低。同时，96.7%的被调查者表示愿意参与学校的内部治理，促进学校的健康持续发展。

以上调研结果反映出教职工和学生作为利益相关者在营利性民办高校治理中的缺位情况十分严重，从而造成其在学校监督管理、师生权益维护等诸多层面难以发挥应有的作用。

（七）营利性民办高校法人治理中存在的问题

根据调查问卷中的"您认为营利性民办高校内部治理机制还存在哪些问题"的反馈情况来看，93.6%的参与者表示目前营利性民办高校内部治理存在一些问题，主要问题如表4-3所示。由此可以看出，在现实中建构真实、有效的民办高校多边治理体系任重而道远。

表 4-3 营利性民办高校内部治理存在问题的调查反馈情况

序号	反馈的问题
1	董事会结构不完善
2	党组织地位不明确和作用发挥不足
3	学校家族化管理趋势显著
4	师生在学校治理中的参与度不高

第三节 营利性民办高校法人治理存在的问题分析

一、内部人控制问题较突出

内部人控制问题是在现代企业中所有权与经营权（控制权）相分离的前提下产生的，这一问题在民办高校中的表现形式主要是举办者拥有学校的控制权，而实际上举办者的利益只是民办高校利益的重要组成部分，而非全部。

营利性民办高校内部治理结构不同于公办高校，其权力主体具有多元化的特征，如举办者、校长、教师、学生等均属于营利性民办高校的利益主体。不同利益主体在利益诉求方面存在明显差异，但营利性民办高校在运行过程中往往很难做到同时兼顾各利益主体的利益诉求。从国内民办高等教育的发展情况来看，在学校筹建过程中，董事会由举办者负责组建，学校举办者通过推荐董事长人选并主导董事会人员组成的形式确立自身在学校治理结构中的核心地位。民办高校董事会的构成形式依据其举办者的特点可以分为四种：①以传统工业企业中董事会的组成方法为参照，依据学校在创立时投资者的资金注入量决定董事会成员。②以举办民办高校时的投入要素为依据决定董事会成员。民办学校的创办与发展需要投入一系列的要素，如土地、资金、管理以及社会关系等，这些要素缺一不可，董事会的成员大多是这些投入要素的提供者。③依据隶属关系确定民办高校董事会成员。例如，独资形式的民办高校会设立家族式董事会，董事长将自己的亲戚、朋友等安排进董事会之中；民办高校如果由某个团体、单位、党派创办，原单位领导人则顺理成章地成为董事会成员。④依据国家相关法律法规的规定确定董事会成员。例如，除了校长、党组织负责人是董事会的当然人选，董事会中还应有教职工代表。

在多个利益主体的博弈中，能产生决定性影响的通常是举办者与董事会。我们从针对营利性民办高校法人治理情况的调查问卷统计结果可以看出：针对"您认为您所在学校的治理结构中利益相关者主体的权力情况排序"这一问题，在举办者、董事会、校长、党组织、教师、学生权力状况排序中，有67%的参与者表示所在的学校权力排序第一位为举办者。在"您所在的学校中董事会成员都包括哪些"这一问题中，学生类别的被调查者勾选"不清楚"选项的占比为49.7%，校级管理者、中层管理者、普通教职工类别的被调查者同时勾选"投资方"和"校长"选项的人数占被调查人数总数的63.1%。在"以下关于本校董事会、举办者、校长之间的关系的说法，请勾选您认同的选项"这一问题中，有71.4%的被调查者认为"举办者决定学校的各项重大事项"。

目前，我国民办高校依据法律法规的要求实行董事会领导下的校长负责制。其中，董事会多由举办者主导，主要负责进行相关决策，而校长作为执行层，主要负责日常行政管理和教学管理。从理论上讲，董事会领导下的校长负责制是一种依法设立、简捷易行的治理机制，但是在具体运行中，民办高校董事会中校外董事占比较低或没有校外董事，多数董事与出资人之间具有亲缘关系或雇佣关系，董事会中教职工代表数量比较少。此外，从营利性民办高校外部治理的角度来看，目前政府、行业协会等在外部治理中应有的监督作用无法充分发挥，董事会往往完全被举办者控制。例如，部分民办高校曾发生资本出逃、侵害学校办学权益等事件，校长和党组织负责人对此甚至都不知情，从而造成无法挽回的损失。又如，部分民办高校出资人凭借自身在董事会中的地位优势，对学校发展决策、日常运行等造成不良影响，出资人与校长之间频繁发生摩擦、校长频繁更换的现象屡见不鲜。同时，部分民办高校在校长遴选方面也存在不通过董事会流程严格选拔、出资者与校长为同一人的情况。这些情况的存在导致董事会与校长的职责与权利出现了混淆与重叠。由此可见，举办者控制民办高校决策权的内部人控制问题较严重，进而影响了营利性民办高校基于利益相关者共治角度构建现代化治理体系。

二、内部授权体系不够科学

在营利性民办高校治理中，利益相关者群体居于不同的层级，其所具备的职权也存在差异，如举办者、董事会、校长（行政团队）、党组织、教师、学生等各利益相关者群体的职权依次层层递减、逐渐弱化。这在一定程度上导致营利性民办高校内部治理存在一系列问题，如董事会结构不完善、管理呈现家族化倾向、党组织作用发挥不足、师生在学校办学治校中基本得不到相应权限保障以及内部授权体系不科学等。

（一）各层利益相关者权力层层递减、逐渐弱化

在当前营利性民办高校法人治理结构中，董事会在行使职权过程中体现出职权任意扩展的特征，校长与学术委员会的职权被压缩，监事会的监督主体地位一直没有明确，教师在决策体系中的话语权不高，董事会中的教职工代表往往由举办者推荐而非教代会选举产生，而学生作为重要利益主体参与民办高校内部治理

的可能性较低。由此可见，在营利性民办高校内部治理中，校长、党组织、教师、学生等各利益相关者群体应有的权限并未得到保障，其应有的作用并未得到发挥。也就是说，在营利性民办高校运营过程中，除举办者及代表其权力的董事会以外的各利益相关主体的权限层层递减、逐渐弱化。

我们从调查反馈的结果可以看出，98%的被调查者认为，在应然状态下，营利性民办高校的治理主体不仅应当包含董事会、校长、学术委员会，还应包含监事会、党组织、教代会、学代会等。其中，96.4%的被调查者认为，董事会是营利性民办高校的应然治理主体，而在实际状态下，所有参与者都认为董事会是营利性民办高校的治理主体，且在关于行政主体的问答中有63.1%的参与者选择了"董事会"。99.4%的被调查者认为校长是营利性民办高校的应然治理主体，但实际上这一比例仅为83.6%；98.6%的被调查者认为党委是营利性民办高校的应然治理主体，但实际上这一比例仅为77.5%；93.4%的被调查者认为学术委员会是营利性民办高校的应然治理主体，但实际上这一比例仅为38.4%；84.6%的被调查者认为监事会是营利性民办高校的应然治理主体，但实际上这一比例仅为24.5%；54%的被调查者认为教师是营利性民办高校的应然治理主体，但实际上这一比例仅为7.4%；52.7%的被调查者认为学生是营利性民办高校的应然治理主体，但实际上这一比例仅为2.3%。由此可见，在当前营利性民办高校的权力格局中，党、政系统的权力没有达到应然状态，存在着明显的"式微"倾向，管理力度有所不足。此外，目前不少民办高校尚未建立监事会，而已经建立监事会的部分民办高校的监事会职能也存在"虚化空转"的问题。

（二）董事会结构不完善，管理呈现家族化倾向

1. 决策机构运行机制不够科学

我国大部分民办高校是以投资办学的方式创立的，在具体运营中，举办者主导了决策机构的组建、运行。在一些核心重大利益问题上，尤其是在财务问题的讨论上，有些举办者往往会绕开校长（行政团队）、党组织进行决策。尽管《民办教育促进法》规定董事会有"决定其他重大事项"的职权，但该条款表述比较模糊，导致董事会在诸如对外投资、重大资产处置、担保融资、对外举债、关联交易等重大财务事项的决策上并未让校长、党组织负责人等重要利益相关者参与，而这些事项与学校的稳定发展又息息相关。此外，部分民办高校在董事会的会议安排上还存在着会议准备不充分、议事规则不健全、过程性资料未留档、决策结果不公开等问题，整个决策的透明性、合理性还有待提高，如有些关键事项的决策未实行"一人一票"式表决制，董事会往往沦为董事长"一言堂"。

2. 董事会成员结构不合理

部分民办高校管理呈现家族化倾向，权力分配不科学，这种现象尤其在有着较强营利动机的民办营利性高校中较为常见。有些民办高校从表面上看董事会成员包括校长、教职工代表等人，但多数成员都是举办方的亲属，他们基本都是代表举办方的利益，形成了鲜明的家族化特征，董事会中几乎没有外部董事。董事会的权力实际上牢牢地掌握在举办者或代表举办者的董事长手中，其他董事会成员的身份更像是"荣誉董事"，扮演的实际上就是顾问的角色。在这种家族化管理的民办高校中，控制权一般在家族内继承，学校的所有权和经营权全部集中在家族成员手中。由于对非家族成员缺乏足够的信任，学校很难留住关键管理层和办学骨干，也很难吸引外部优秀人才，这类民办高校与许多家族制企业一样，容易出现"一代创、二代守、三代败"的发展规律。

3. 以校长为核心的管理团队职权不明

《民办教育促进法》明确了校长的职责——基本以日常行政管理和教育教学管理为主。在实践之中，举办者在思考营利性民办高校运作与发展问题时，大多从资金成本与回报角度出发，而校长在对学校发展制定规划时则重点关注教育教学质量。由于双方的出发点有所不同，思维方式不同，彼此之间容易形成纷争。在针对营利性民办高校法人治理情况的调查问卷中，关于"您所在学校中行使行政权的主体是谁"这一问题，有91.6%的参与者认为校长是营利性民办高校中行使行政权的主体，但是也有62.5%的参与者认为董事会同样也是营利性民办高校中行使行政权的主体。我们从这一情况可以看出，在营利性民办高校中，董事会在一定程度上会对校长行使行政权产生干预。同时，调查问卷中关于"董事会与校长的权限是否清晰"这一问题，仅有9.6%的参与者表示其所在学校的校长与董事会之间有清晰的责权界限和明确的工作分工。根据这一结果我们可以看出，营利性民办高校在内部治理结构层面上依然缺乏足够的合理性和科学性，董事会的决策权与校长的行政权之间的界限比较模糊。尽管有部分民办高校校长在董事会决策时有表达不同意见的机会，但由于其在董事会中势单力薄，其意见和建议往往难以影响最终决策。

4. 师生参与决策的机制得不到有效保障

从理论上讲，教师和学生既是营利性民办高校的利益相关者，也是学校的治理主体，但他们在学校治理中却没有发言权，缺乏参与营利性民办高校治理的渠道。在学校发展中，教师是中坚力量，但教师除了教书育人以外，根本无法参与学校事务的管理，甚至无法维护自身的权益与权利，根本没有形成"主人翁"意识，为了获得更好的发展，他们在有机会时就会果断地跳槽。这也是民办高校的教师流失率远远高于公办高校的主要原因之一。目前，在民办高校的董事会中，尽管安排了1个席位给教职工代表，但这个席位往往是由举办者信得过的或听命于举办者的教职工代表担任，其在决策时并不能秉持客观、公正的立场，不能代表广大教职工的利益。此外，在绝大部分民办高校中，不论是营利性民办高校还是非营利性民办高校，学生群体完全没有渠道参与董事会的决策，虽然个别民办高校在召开董事会时会邀请学生代表参加，但他们更多的是扮演"旁听者"的角色。

（三）党组织地位作用有待加强

与公办高校相比，营利性民办高校党委具有较强的特殊性，尽管这两种类型的党委都要体现政府意志，但公办高校党委拥有的领导权力更高，不论是重大决策的制定，还是人事安排调度，其都会对教职工产生较强的约束力与推动力。营利性民办高校党委的政治权力则与之不同，突显了政治核心保障的作用，其只是在政治方面发挥监督作用。针对民办学校的党建工作，国家层面下发了《关于加强民办学校党的建设工作的意见（试行）》，对民办高校党委履职提出了六项要求，确保了民办高校党委在政治引领、师生凝聚力、校园文化建设、学校发展、人事管理等方面的权力职责。对这份文件进行细致解读，我们可以看出营利性民办高校党委除了要具备政治领导权，还要参与学校事务性的管理。2006年以来，民办高校全面推行党委书记地方派驻制。目前，只有极少数民办高校从内部管理人员中选拔党委书记，但要得到上级党组织的同意而且当地政府要对其进行督导。"派驻"与"督导"两种模式的并行，意味着党组织负责人在行使权力的过程中要同时对校长与董事会进行监督，短期内举办者与党组织负责人之间的信任关系与配合程度可能会存在一定问题，因此，营利性民办高校党委要想真正成为治理体系中的一部分，需要长时间与其他治理主体进行磨合。

在针对营利性民办高校法人治理情况的调查中，关于被调查者所在的营利性民办高校治理过程中党组织的参与情况，23%的被调查者表示不清楚党组织是否参与。同时，关于营利性民办高校法人治理主体权力排序情况，85%的被调查者选择将党组织排在举办者、董事会、校长之后。我们从调查反馈的结果可以看出，在多数营利性民办高校中，党组织作为重要的参与主体和监督力量并未真正参与到法人治理当中，其应有的作用并未得到充分发挥。

（四）师生在办学治校中权力严重缺位

在西方，师生共同参与学校治理已经有了较长一段时间的历史，最先在这方面进行尝试的是意大利的博洛尼亚大学。随着高等教育在西方国家的发展，学校治理日益强调专业化与民主化的重要性，即对师生的学校治理权予以尊重。这是高校文明与开放程度提高的重要标志。

在我国，教育部办公厅在《教育部办公厅关于加快推进高等学校章程制定、核准与实施工作的通知》中明确指出，教职工代表大会要维护教师的利益，对校长工作报告进行审议。该通知还对教代会与学生代表大会的权责、地位、规则、议事流程等作出了明确规定，从而为师生参与学校民主决策提供了保障，维护了其监督权。同时，教育部于2012年印发的《全面推进依法治校实施纲要》也提到，营利性民办高校在日常运作中的管理与监督应遵循民主原则，确保学校教职工代表大会的相关规定得到落实，充分保障教职工在学校管理与监督方面的权利。

现实中，营利性民办高校在不考虑权力量度的前提之下，只是关注组织规模与利益关联，并未将师生双方当成重要的利益主体，只是简单地将师生看作被治理的对象，或者说即使意识到其为利益相关者，也只是对其进行代言，师生在法人治理结构中的地位被弱化。例如，在关于营利性民办高校法人治理情况的调查问卷中，针对教师与学生作为营利性民办高校利益相关者参与学校治理的情况，85.4%的被调查者指出，教师代表参与学校治理的内容主要以党建工作与思政工作等为主；71.4%的被调查者认为，在营利性民办高校中学生几乎没有机会参与学校治理；

73.9%的被调查者认为，所在学校教职工通过教代会参与民主监督的程度较弱；68.4%的被调查者表示，不了解学校教职工代表大会的作用；76.2%的被调查者表示，学校对教师参与学校治理的支持力度较低；83.7%的被调查者认为，学校对学生参与学校治理的支持力度非常低；96.7%的被调查者表示愿意参与学校的内部治理，促进学校的健康持续发展。这一调查结果反映出教师和学生作为利益相关者在学校治理中的缺位现象十分严重。无论是教师还是学生，均是营利性民办高校法人治理的利益相关者，理应共同参与到学校治理和学校监管当中。但是，现实中他们在学校监督管理和师生权益维护等诸多方面难以发挥应有的作用。

此外，针对当前营利性民办高校在法人治理特别是内部治理机制中存在的其他问题，93.6%的被调查者表示目前营利性民办高校存在董事会结构不完善、党组织地位不明确和作用发挥不足、学校管理家族化趋势显著、师生在营利性民办高校治理中的参与度不高等问题。由此可见，营利性民办高校在现实中建构真实、有效的多边治理体系任重而道远。

三、风险控制机制普遍缺失

在经济学中，风险是指事故发生的可能性。由于事故的发生会导致损失，我们必须严格地对事故进行防范，不能任由其发展。风险是一直存在的，各种类型的组织都要实施风险管理，只有增强风险应对能力，才能实现长足发展。

（一）民办学校办学风险的分析框架

人们在认识与了解事物时，如果能创建完善的分析框架，将产生事半功倍的效果。民办学校可能遭遇到的风险来自多个方面，为了便于分析和应对，我们构建了如图4-3所示的分析框架，这个框架介绍了民办学校主要面临的风险因素。其中，资金收入与使用层面上存在的风险是营利性民办学校面临的主要风险。在组织目标上，学校与企业存在着本质上的不同，但也有一定的相似之处，即生存过程中需要获得丰富的资源，可持续发展建立在收大于支的基础之上，如果入不敷出的情况长期存在于民办学校之中，学校就会破产、倒闭。

图 4-3　民办学校办学风险的分析框架

如图 4-3 所示，营利性民办高校的内外部因素都会对其办学造成影响，进而引发一定的办学风险。例如，入学适龄人口数量改变、公办学校竞争、创办者投入减少、国家政策发生改变等外部因素均会对营利性民办高校办学造成影响。部分外部因素对学校收支产生的影响是间接的，如当入学适龄人口数量减少、公办学校竞争力度加大时，营利性民办高校会因生源减少而收入减少；部分外部因素对民办学校的收支会造成直接影响，如社会捐赠和创办者投入减少等；还有一部分外部因素以上述两种方式对民办学校的发展造成影响，如生源不稳定、中央与地方政策调整等。内部因素涉及资金收入与使用、办学水平、内部管理、学校口碑等。民办学校在进行风险管理时，需要将内部因素当成管理重点，因为民办学校在发展过程中如果不能控制内部风险因素，即使民办学校处于良好的外部发展环境中，也难以实现可持续发展。我国部分民办高校在最近几年的发展中出现了停滞，甚至出现了办学规模缩减的情况，就是因为办学风险因素没有得到有效控制，尤其是没有及时发现、干预内部风险，导致出现重大不利的外部因素时，两者叠加造成了学校的办学危机，如福建某民办高校的办学规模甚至缩减为高峰时的三分之一。

在关于营利性民办高校法人治理情况的调查中，针对参与者所在学校办学风险的问题，97.2%的参与者认为财务风险、生源风险、管理决策风险、教育质量风险等内部风险因素是影响营利性民办高校发展的主要因素，而政策风险、就业风险、同行竞争风险等外部因素成为营利性民办高校发展的主要挑战。

（二）风险防控各环节存在机制缺失

从当前营利性民办高校法人治理的现实状况来看，营利性民办高校在风险防控的各个环节上都存在多方面问题，如风险识别、风险控制、风险干预、风险处置等方面都有不同程度的机制缺失。通过国内外对比研究和梳理，我们发现我国营利性民办高校治理存在的问题主要涉及如下几个方面。

第一，缺乏动态的风险监测和符合营利性民办高校实际的风险防控体系。欧美等发达国家在大学治理中普遍通过引入第三方风险管理机构或者政府力量等，实现对私立大学风险的评估与防控。当前，我国营利性民办高校尚未构建起系统而科学的风险监测体系和风险防控体系，面临诸多潜在的风险，这对营利性民办高校的健康可持续发展是不利的。

第二，尚未构建科学而精准的监控平台，无法对营利性民办高校在办学、运行及管理等诸多环节上可能存在的风险进行有效的监测、识别。欧美等发达国家的高等院校普遍重视对学校动态数据的监测，以便及时发现可能存在的风险隐患，并在第一时间做出响应。从我国营利性民办高校当前的风险控制实际情况来看，其在风险监测平台建设方面依然滞后，无法实现动态风险监测和精准的风险识别，可能引发风险的蔓延，进而影响营利性民办高校的建设与发展。

第三，缺乏与营利性民办高校特色相适应的风险防控体系。在高校治理中，学校管理层必须根据本校实际情况构建风险防控体系，才能确保及时识别风险、及时控制风险、及时干预和处置风险。目前，我国营利性民办高校在风险防控体系建设层面依然存在较多不足，集中体现在两个方面：一是缺乏与营利性民办高校办学特征及发展需要紧密结合的风险管理模式，风险防控工作的开展缺乏针对性，无法有效地适应营利性民办高校的实际情况；二是风险防控体系建设缺乏专业性，且与第三方专业机构合作较少，造成营利性民办高校的风险防控体系不完善。例如，风险管理方案制定不够科学，与第三方专业机构合作不够紧密，突发事故应急预案不够健全等。

第四，缺乏系统的营利性民办高校风险监管机制。目前，在营利性民办高校法人治理中，监管层面存在一些不规范、不健全等问题，集中体现在以下几个方面：第一，从学校资金运转的角度来看，营利性民办高校缺乏完善的投资监管机制。例如，缺乏专门且独立的审计机构和风险管理机构，无法及时有效地对营利性民办高校的资金运作实施监管、评估，容易造成一些不规范行为的发生，从而对学校的健康发展产生不利影响。第二，从风险管理的角度来看，营利性民办高校的举办者缺乏开展风险管理的积极性和主动性。第三，从政府监管的角度来看，政府缺乏对营利性民办高校风险管理的有效引导，不利于营利性民办高校的长远发展。

第五，缺乏社会力量在营利性民办高校风险管理中的有效参与。一般而言，社会力量在辅助营利性民办高校解决突发性风险中发挥着重要作用。但当前，在营利性民办高校风险管理中，社会力量的参与度不高，如基层社区和第三方中介组织都未发挥其应有的作用。目前存在的问题集中体现在两个方面：第一，营利性民办高校自身对社会力量参与风险管理的关注度和积极性均不高；第二，政府部门对社会力量参与营利性民办高校风险管理的引导力度不足。这两种情况导致营利性民办高校在遭遇风险时处于孤立无援的尴尬状态。总之，为有效提升风险管理水平和内部治理水平，营利性民办高校必须高度重视社会力量在风险管理中的有效参与。

四、监督机制作用不太明显

营利性民办高校法人治理中的权力主要包括内部权力与外部权力，前者掌握在董事会手中，后者是指政府机构的权力。党组织、监事会、教代会、学代会等都是营利性民办高校内部重要的权力监督主体。大部分营利性民办高校未形成长期有效的持续监督机制，这是多方面原因造成的，如党组织、督导专员的监督机制不太健全，监事会未建立或形同虚设，普遍没有建立独立董事制度或独立董事没有发挥作用，没有形成持续监督机制等。

党组织在对营利性民办高校办学行为进行监督时，基本以思想政治、办学方向两项内容为主，而对学校核心事项、关键决策的监督力度不足。在涉及校长及副校长选聘、重大项目投资、重要关联交易及其他重要财务事项时，党组织往往被排除在外，因完全不知情而起不到监督作用。

从目前师生代表的监督权力行使情况看，民办高校中的监事会本应具有良好的专业性与独立性，但营利性民办高校尽管设置了监事会，但其只是依附于董事会而存在，董事会处于权力塔尖，其他权力主体根本不能对其进行监督。

在关于营利性民办高校法人治理情况的调查中，针对营利性民办高校中行使监督权的机构这一问题，75.3%的被调查者表示不清楚，而认为监事会为营利性民办高校行使监督权主要机构的被调查者占比仅为24.7%。同时，在关于营利性民办高校监事会主席是兼职还是专职的调查中，82.6%的被调查者表示不清楚。在关于监事会与董事会之间的联系以及营利性民办高校监事会成员由谁任命等问题的调查中，74.4%的被调查者认为监事会与董事会是上下级关系，且监事会成员由董事会任命。针对学校是否设立了类似于监事会的监督机构这一问题，并不了解学校是否设立了专门监督机构的人数占比达到了74.8%，认为学校设立了监督机构的人数占比只有10.7%。此外，部分民办高校虽然设立了类似监事会的机构，但其在实际中并未真正地发挥监督作用，其应有的职能不明确、履行不到位，无法与决策机构、执行机构形成有效的权力制衡。由此可以看出，在许多营利性民办高校中，其所设立的监督机构与其自身法人治理所需的真正监督机构存在较大差距。

总之，营利性民办高校受先天因素影响，普遍缺乏监督机制，且权力制衡机制不够完善。同时，因缺乏有力的监督机构和与之相对应的制度安排，学校决策机构、执行机构的相关行为缺乏必要的监督和约束，大多依据决策者尤其是举办者的个体经验和想法来开展，学校决策具有随意性、主观性，这势必会对营利性民办高校的健康发展造成制度层面和道德层面的潜在风险。

第五章

营利性民办高校法人治理问题成因分析

第一节 举办者办学动机与多元利益诉求的冲突

针对营利性民办高校法人治理中存在的问题,只有进一步厘清这些问题的成因,才能为构建完善的营利性民办高校法人治理机制找到路径、提出对策。

一、营利性民办高校举办者的办学动机

举办者的办学动机深刻影响着学校的内部治理模式。办学动机是举办者在办学过程中形成的价值观认知,对学校的发展具有引领和导向作用。民办高校举办者的办学动机通常是比较复杂的,呈现多样性特点,如获得经济利益、赢得社会认可、提升政治地位、回报国家社会、办成百年名校等。有学者在深度访谈调查的基础上,将民办高校举办者的办学动机分为获得经济回报、获得对组织的控制权和自我实现三个方面,并进一步指出举办者办学动机是一种"复杂人"动机:第一,举办者的办学动机往往是多方面的,同一个举办者往往拥有多样化的办学动机;第二,举办者在民办高校的不同发展阶段和不同的政策环境下,主要的办学动机也有所变化;第三,举办者的办学动机和学校发展水平、发展绩效之间存在深刻的互动关系。但学界普遍认为,营利性民办高校举办者的主要动机是获取经济回报。邬大光指出[①],

---

① 邬大光.我国民办教育的特殊性与基本特征[J].教育研究,2007(1):3-8.

投资办学是我国民办高校的基本属性，只要是投资办学，举办者就有获得合理回报的动机。文东茅也指出[①]，民办高校举办者的主要目的是获得对学校的控制权进而可以获得其他经济利益。因此，在学校法人治理的设计上，民办高校举办者也往往围绕这个动机牢牢地把握着学校的控制权。

营利性民办高校中不同的利益主体有着不同的利益诉求，这些利益诉求的实现最终需要落实到学校的决策、执行、监督等各个环节中。但由于举办者之外的利益主体受资源禀赋、能力禀赋所限而没有足够的博弈能力，核心权力往往集中在举办者及其控制的董事会手中。因此，当不同的利益诉求发生冲突时，其他利益主体的诉求往往会让位于举办者的营利性诉求。

平衡多元利益诉求的基本前提是将决策、执行、监督等环节的权限赋予不同利益相关者，形成既相互协调又相互制约的博弈关系。但营利性民办高校的举办者为了优先确保营利动机的实现，往往自觉或不自觉地将各类权力高度集中在自己手上，主要表现为：①决策层面的排他，尤其是在与经济或财务相关的核心事项的决策上，包括校长、党组织在内的其他利益群体没有决策权，只有参与权；②执行层面的干预，校长要保障教育教学质量、提升人才培养水平，需要加大办学投入，而这容易与举办者控制办学成本、维持营利水平的需要产生矛盾，如果举办者和以校长为首的行政团队没有建立足够的信任和有效的沟通，举办者会直接干预或介入校长的日常施政行为，甚至和校长直接发生冲突或矛盾，如果冲突或矛盾不可调和，举办者往往会更换校长，这也是有些民办高校的校长更换比较随意、频繁的原因所在；③监督层面的淡化，营利性民办高校的内部监督力量主要有党组织、监事会、教代会、学代会等，但出于经济目的和道德因素考

---

① 文东茅.论民办学校的产权与控制权[J].清华大学教育研究,2003(2):29-34.

量，举办者并不太愿意主动接受上述利益群体的监督，加之学校在信息公开、信息披露等方面也有所不足，监督力量因缺乏足够的信息而无法开展有效的监督。

二、多元主体的利益诉求与能力禀赋

营利性民办高校内部不同的利益相关者有着不同的利益诉求和优先目标，但根据资源依赖理论，资源即权力，营利性民办高校主要依靠举办者投入的资源而建立并发展，举办者掌握着学校的绝对控制权，因此其在利益实现能力上要远超其他利益相关者。下面我们从利益诉求、参与意愿、能力禀赋等维度出发分析利益相关者在营利性民办高校法人治理中的立场或表现，进一步揭示营利性民办高校法人治理问题的成因。

就利益诉求而言，营利性民办高校利益相关者较多，其利益诉求有所不同。例如，投资者与举办者的诉求在于获取利润，教职员工具有实现职称晋升和改善福利待遇的诉求，学生具有提升个人价值的诉求，政府及其他社会机构具有监管评价民办高校办学成果的监督诉求。教育公益性目标的实现要求营利性民办高校要基于利益相关者理论协调各利益相关者之间的关系，构建平衡保障机制，合理公正地分配利益，既要满足利益相关者的需求，也要发挥他们的作用，突显营利性民办高校的公益性特征，最终实现营利性民办高校资源优化配置以及法人治理合理化。但在实际运作中，营利性民办高校举办者的治理目标往往凌驾于其他目标之上。根据《民办教育促进法》中的相关规定，营利性民办高校属于营利法人，举办者可取得和分配办学结余，具体分配依据为《公司法》等相关法律和相关行政法规。为了优先确保自身的经济目标得到实现，营利性民办高校举办者首先要确保涉及自身利益的决策事项得到通过，如果将核心议题交由校长、党组织、教代会审议，都有可能出现不通过的风险，或者决策效率低下。

因此，营利性民办高校偏向将决策权力集中到董事会或者举办者手中，但这会导致过度集权问题。

就参与意愿而言，举办者的意愿无可置疑是最强的。举办者只有通过系统化的治理结构、治理机制的安排，才能确保自身的营利诉求得到实现，一旦有过于强大的利益群体出现导致治理结构、治理机制发生根本性变化，举办者的核心利益就难以得到保障。因此，举办者从创办学校开始就必然存在主导和参与内部治理的意愿。此外，营利性民办高校的内部利益相关者对学校治理也均有着较强的参与意愿，我们的问卷调查结果显示，96.7%的答卷者表示愿意参与学校的内部治理。值得探讨的是，笔者在和部分民办高校校长、党组织负责人的交流中发现，参与意愿低的校长、党组织负责人也不乏其人，这既与举办者权力过大甚至直接主导学校日常运营有关，也与个别校长、党组织负责人的自身定位有关，有的校长、党组织负责人存在"不求有功，但求无过"以及养老、任期思维。

就能力禀赋而言，根据2007年颁布的《民办高等学校办学管理若干规定》，民办高校校长应当具备国家规定的任职条件，具有10年以上从事高等教育管理经历，年龄不超过70岁，且报审批机关核准后，方可行使《民办教育促进法》及其实施条例规定的职权。这样的任职规定导致大多数民办高校只能从公办高校聘请或返聘校长，这意味着绝大部分民办高校校长既能尊重教育规律，又有丰富管理经验，其通过专业化的知识和管理能力体现出较强的大学治理能力禀赋。由于民办高校的投资主体差异性较强，相较于呈现出高学历、高职称、高素质特征的校长队伍，民办高校举办者在学历、职称等方面都呈现出明显的弱势，尤其是在对教育本质的认识、对教育规律的把握以及在教育从业经历、教育管理经验等方面都有所欠缺，他们通常是将自身企业管理的经验和理念移植到民办高校治理中。当然，也有部分民办高校举办者有着极强的学习能力和悟性，他们从学校校长及其领导的行政团队中汲取各类大学管理的知识和经验，并与企业经营思维较好地实现了融会贯通，逐渐成为民办高校治理的标杆，甚至有的举办者直接担任民办高校校长后也取得了令各界信服的成绩。教师和学生尽管有着参与治理的意愿，但与举办者、校长更加关注长远目标不同，他们更多关注的还是学校运行中微观层面的事项或者涉及自身切身利益的事项，这也局限了其参与学校治理的能力禀赋。

第二节 学校内部治理与政府外部监管的权衡

政府对民办高校的发展投入了相应的资源，如招生计划、专项资金、师资培养、学生奖助学金、各类项目申报等，因此也应享有相应的治理权力。纵观我国的民办高等教育发展史，政府对民办高校的管理体现出"规范与支持并举"的思路，其作为外部力量参与民办高校的治理。在公司治理理论中，外部治理是公司股份分散、个别股东发挥作用有限、公司控制权掌握在管理者手中、外部监控机制发挥主要监控作用的治理模式。在我国，民办高校外部治理的主要实现形式就是政府治理。政府通过各种监管措施约束和规范民办高校的办学行为，如年度检查、党建督查、教学评估等，同时从法律法规、政策文件层面要求民办高校坚持公益导向、完善内部治理、明确行为边界等。但政府并未直接介入营利性民办高校的内部运行监管或仅是对其内部运行产生有限的影响，或者说政府监管对营利性民办高校的治理决策影响有限，举办者只要认清并且不突破政府设定的行为底线或办学红线，通过主导董事会掌握学校控制权，依然能保证有利于自身的重大决策获得通过。

一、政府缺乏影响学校内部治理的实现机制

民办高校中包括校长在内的全体教职工与举办者之间形成了强烈鲜明的雇佣关系,包括校长在内的全体教职工与举办者相比处于从属性地位。这主要表现在两个方面:一是人格从属性。举办者对教职工的劳动给付方式有支配权,可以决定其工作的时间、地点、内容等,教职工在举办者主导设计的组织结构和管理模式中工作,其劳务目的主要在于实现雇主利益。二是经济从属性。教职工为雇主利益付出劳务的过程也正是教职工所拥有的生产力与雇主拥有的生产资料相结合的过程,举办者有权决定包括校长在内的教职工的薪酬水平。因此,教职工在内部治理中与举办者的谈判、博弈能力较弱,政府很难寄希望于这个群体代表政府利益或公共利益在学校的决策中发声并投票。

目前,民办高校中未形成明确从属性雇佣关系的仅有党组织负责人。因此,政府主要通过委派督导专员并从制度上明确党组织负责人兼督导专员的方式赋予党组织负责人"外派性"的特征,而党组织负责人是当然的决策机构成员,政府得以通过这一法律规定实现对民办高校内部治理的直接参与。但由于部分民办高校的党组织负责人并非完全由政府委派,而是通过举办者与政府协商产生,或党组织负责人的薪酬由民办高校支付,这就导致党组织负责人并不能完全代表政府的立场。此外,即便党组织负责人完全由政府委派,且由政府支付其薪酬,但由于其在决策机构中仅占据一个席位,势单力薄,其对重大事项决策的影响也非常有限。

尽管相关法律法规对民办高校及其举办者的办学行为、决策行为提出了明确要求,但由于缺乏相应的奖惩手段,其对民办高校举办者的约束力极其有限。此外,法律法规对校长、教师、学生等核心利益群体的权利保护机制也比较薄弱。

二、政府现行外部监管方式的作用有限

政府在营利性民办高校的发展过程中具有引导、规范、促进和监管作用,但引导、规范、促进目的的实现均需要依靠强有力的监管手段予以保障。目前,政府主导的外部监管机制,未对营利性民办高校举办者和办学者形成约束。这与政府过于强化监管手段的强制性,而在一定程度上忽略了社会组织的自治性和监管手段的多样性有关。

一是社会力量参与不够。在外部监管机制中,社会力量参与民办教育的热情还不高,大部分群众片面地认为教育的发展是学校的事情,与自身无关。但实际上,民办高校在发展中需要构建多元参与机制,尤其是家长、学生、企业等都应该是参与主体。因此,政府要从投资、管理等方面入手,以制度完善促进民办高校运作模式的深度调整,同时通过社会力量的参与保证教育公益性的实现与市场的适度竞争等。

二是中介组织尚不发达。在学校、政府、社会之间,中介组织能发挥枢纽的作用,协调好各类办学主体之间的关系,促进教育资源的合理配置,从而让学校法人权益得到维护,让民众接受教育的需求得到满足。但目前我国教育中介组织较为稚嫩,仍处于培育阶段,政府将对民办高校的部分管理责任让渡给教育中介组织,却没有为中介组织的发展提供必要的扶持。因此,教育中介组织现阶段还不能完全承担政府分离与转移出的职能。另外,也有一部分中介组织演变为政府的派出机构,中介组织的负责人由政府官员担任,中介组织行使的是政府职责,弱化了其中立性、客观性。

三是政府监管方式单一。一方面,政府主要依靠行政强制手段对营利性民办高校开展监管,如主要依赖命令、控制等政策工具,较少运用引导、劝诫等政策工具,忽略了被监管对象的主观

能动性；另一方面，在营利性民办高校的发展过程中，资本投入方（举办者）、知识拥有者（教师）、受教育者（学生）等各方主体的利益诉求并不完全一致，这打破了一般企业均衡化和整体性的利益格局，出现了利益观念多元化、利益主体多样化、利益单元个体化、利益结构细分化的状况，对政府的单一监管模式构成了挑战。因此，政府亟待构建起参与主体多元、监管方式多样的全方位、全过程监管体系。

第三节 内部人控制与资本市场监管的博弈

20世纪90年代中期，美国斯坦福大学的青木昌彦和钱颖一教授在研究东欧国家国有企业激进式改革时，最早给出了"内部人控制"的概念[①]。在这个概念中，"内部人"是相对于作为委托一方的"所有人"而言的，主要是指作为企业代理一方的总经理或CEO。内部人控制现象之所以在企业中普遍存在，其根据原因是中小股东存在"搭便车"心理和企业信息披露不规范。营利性民办高校举办者借助其对学校创办和发展的资本投入，在学校的内部治理结构中处于核心地位，为了确保自身经济目标的实现，举办者往往会利用手中的控制权优势和信息优势，作出更多有利于举办者甚至侵害其他利益相关者的决策。例如：通过"虚假宣传""招生代理"的方式招生；在办学过程尽量压缩办学成本，导致教学设施投入不足、专职教师数量不够、教育质量低下；当举办者其他产业遇到经营风险或资金链断裂时，往往会绕开校长、党委书记等权力主体直接挪用、借用学校资金，从而给学校办学带来风险。

---

① 青木昌彦,钱颖一. 转轨经济中的公司治理结构[M]. 北京：中国经济出版社，1995. 22.

在解决企业的内部人控制问题方面，资本市场已经有比较成熟的经验，即主要通过强化企业内部控制的方式予以解决。公司治理解决的是股东、董事会、监事会、管理层之间的"责、权、利"问题，而内部控制是在此基础上作为经营者的董事会和管理层为了保证受托责任的顺利履行而在公司内部实行的一系列控制活动。鉴于目前通过可变利益实体架构在中国香港联合交易所有限公司（以下简称香港联交所）上市的民办高校已有相当数量，而香港联交所对上市企业的内部控制有着严格要求，这对民办高校的治理产生了积极影响。

香港联交所发布的《企业管治守则》主要涉及董事会、管理层以及各专业委员会之间的权利、义务和责任关系，强调董事会构成的多元化，强调决策层和管理层之间权力和授权分布均衡，强调风险监管和内控体系建设。这些规定对营利性民办高校健全完善法人治理机制有一定的启示意义和助推作用。

一、我国民办高校上市概况

随着分类管理新法新政的落地，营利性民办高校的法人属性发生了根本性改变，实现了由民非法人到公司法人以及由非营利法人到营利法人的调整。有些具有较强政策敏感性的民办高校举办者意识到这是一次重要的发展机遇，并开始酝酿民办高校上市事宜。民办高校上市最初始于 2016 年，即成实外教育集团登陆香港联交所，该集团旗下的四川外国语大学成都学院成为第一家上市民办高校。2017 年，民生教育集团有限公司正式登陆香港联交所。此后，越来越多的国内民办高校作出了赴港上市的决定，例如，中教控股、睿见教育、宇华教育、新高教集团等均在这一年携旗下高校赴港上市。2020 年，建桥教育、辰林教育等民办高教公司也相继上市。至此，在香港联交所上市的民办高教已有近 20 家。

由于香港联交所在其制定的上市规则中对企业治理提出了严格的要求，企业在上市之前会委托第三方咨询公司进行内部控制审查，并出具完善的整改报告，以便使企业治理与联交所的要求保持一致。为了达到香港联交所的管治要求，上市的民办高教集团也都经历了这样的流程，即全面梳理自身在公司治理和内部控制环节存在的缺陷，查找其中存在的风险点，并完成整改。

二、香港联交所对公司治理的新要求

（一）基本情况

公司治理就是企业在合规的前提下采取的一系列管治措施。香港联交所在其发布的上市规则中对公司治理作出了明确规定和要求，具体文件包括《企业管治守则》及《企业管治报告》。这些文件既设定了具体的守则条文，也提出了合理建议，要求所有上市企业都要严格遵守，如果不能保证这一点，企业需要在年报与中报中作出解释。如果上市企业出现了与常规要求不一致的行为，香港联交所就会要求上市企业对此作出解释，并在审慎考虑的基础上给出相应的理由。

具体而言，《企业管治守则》规定了董事会和管理层的责任与职权，并对其权责关系作出了解释，突显了董事会的多元化特征，要求管理层与决策层拥有的权力要保持均衡，要求企业关注风险监管与内控体系建设。《企业管治报告》要求企业必须要围绕如下内容进行信息披露：内部治理常规、投资者关系、内部监控情况、审计师酬劳、股东权利、董事证券交易情况和风险管理等。同时，《企业管治报告》还要求企业对董事会与管理层的职责划分情况、高层管理者持股权益等进行披露。

（二）新要求

随着合规监管要求的提高，香港联交所对上市企业内控与风险监管的重视程度也不断提高，其新要求有以下几点。

第一，在内控与风险管理中，企业对董事会与管理者的角色应进行精准定位，并为其指定职责。管理层要承担内控与风险管理的设计责任，执行风险管理措施，增强董事会的有效性。董事会要承担风险评估责任，将内控与风险管理体系维持在良好状态。

第二，上市企业在内控与风险管理方面要及时披露信息。企业必须要披露的信息包括内审功能、怎样遵守规则、以怎样的流程开展内控工作以及检讨覆盖面与频次等。

第三，企业应强化内部审核功能，不只是将内部审核部门的设立当成一种有效建议，而是要以规章制度的形式加以确定。企业如果不具备内审功能，需要将这种情况在相关报告中作出解释。审核委员会在履职过程中不仅要对上市公司的财务数据进行申报，还要对监管程序作出规定。

（三）上市民办高教集团中常见的内控问题

结合某民办高教上市公司的内控审查以及对现有民办高教上市公司招股书中风险因素的分析，我们归纳出民办高教上市公司在治理层面的主要问题表现在以下几个方面。

一是公司治理层面的问题，表现为董事会构成多元化不足，关键岗位利益冲突申报机制缺失，对专业委员会建设重视程度不够，内部授权体系不够完善，内审部门未建立，等等。

二是流程层面的问题，主要是在财务、采购、资产管理、人力资源管理、信息化等具体业务上流程不够规范或缺少指引，部分工作流程未留有相应记录，存在舞弊风险。

三是合规层面的问题，主要是在建设、消防、社保、环保、税务等方面存在不合规问题，如报建手续不全、存在违章建筑、社保未足额缴纳等，这反映出部分民办高校的合规意识还需加强。

三、内部控制与风险管理对高校法人治理的要求

在公司治理过程中,内部控制是关键,董事会与管理者作为学校经营者,为了更好地履行职责应对公司内部工作的开展进行控制。内部控制中最重要的一项内容就是风险管理,风险管理的效果直接决定着内部控制的成效。因此,包括上市企业在内的许多企业将内控与风险管理视作一个整体。

在现有的内部控制定义中,权威定义是由COSO提出的,即内部控制是由董事会、经理层及员工共同实施的管治行为,其目标就是提升运营效率、增强财务报告的真实性和可靠性、避免出现违背法令的行为等,如图5-1所示。COSO指出,组织要想实现平稳、有序发展,必须充分地发挥出风险管理与内部控制的关键性作用,围绕内部环境、目标制定、事件识别、风险评估、风险反应、控制活动、信息沟通、监督等方面建立全面的内部控制和风险防范体系。

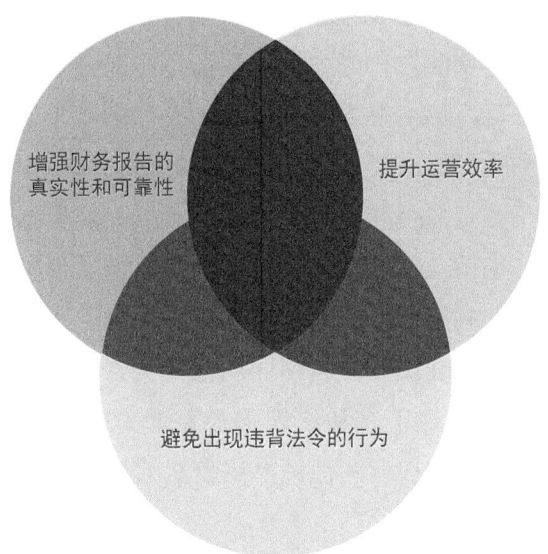

图 5-1 COSO 提出的内部控制目标

内部控制有助于公司实现良好的治理功能。委托代理理论认为，股东和代理人之间存在利益不一致的情况，而信息不对称问题加剧了代理冲突，因此，中小投资者的利益保护程度与信息不对称程度和代理冲突大小有关。内部控制是公司内部治理的一项重要制度安排，当公司具有良好的内部控制时，由代理冲突和信息不对称问题导致的中小投资者利益损害可以得到有效缓解。企业一旦建立了良好的内部控制机制，就可以通过完善的组织结构、合理的权责配置、良好的企业文化等控制环境要素（事前）限制高管权力的滥用。

自从有了营利性民办高校这种教育机构，政府与社会就提出了诸多质疑：教育本身具有公益性，营利性民办高校怎样能在资本逐利的同时体现出公益性，怎样能弱化逐利行为对学校育人工作的不良影响，怎样才能在市场机制的引领之下维护多个利益相关者的权益，怎样才能提升办学水平？

不同的利益相关者对营利性民办高校的治理目标有着不同的期待，比如，举办者首先考虑的是获取回报，即财务可靠性；以校长为首的办学团队首先考虑的是学校运行的效果与效率，即通过提升治理效能产出更多的办学成果；政府则将依法办学摆在首位，要求营利性民办高校遵循法律法规办学，避免出现重大办学风险，至于举办者能否获取收益，政府对举办者天然有着低回报甚至无回报的期待，这从系列法律法规和政策文件强调坚持教育公益性、限制营利行为、控制利润水平中可见一斑。内部控制框架能有效综合营利性民办高校不同利益相关者的治理目标，同时其中有可落地的治理工具和治理路径能助力这些治理目标的实现。因此，内部控制在营利性民办高校法人治理中具有较强的应用前景。

内部控制与风险管理理论有着近百年的发展历史，理论框架与实践体系日臻成熟，但在高等教育领域，这些理论只是实现了浅层运用。目前,营利性民办高校法人治理中出现的问题的原因是内部控制存在缺陷、风险管理机制缺失。我们通过对国内营利性民办高等教育案例进行分析,发现举办者只有在办学过程中充分利用内部控制与风险管理取得的理论成果形成完善的内部控制与风险管理体系,学校的运行和发展才能平稳顺利,学校的营利性目标才能实现,多个利益相关者的治理诉求才能得到满足。

第六章

完善营利性民办高校法人治理的路径及策略

营利性民办高校的产生与发展顺应了市场经济改革，满足了大众多样化的教育需求。我国营利性民办高校正处于新的发展阶段，在新形势下，国家通过制定法律和发布相关法规等途径破除了营利性民办高校发展的法律障碍，推动了我国营利性民办高校的规范化发展。探索营利性民办高校法人治理的路径，关系到营利性民办高校的健康、稳定和可持续发展。为实现营利性民办高校良性治理和高效运行，在把握营利性民办高校现阶段法人治理中存在的主要问题及成因的基础上，相关研究者应重点围绕树立正确的法人治理基本原则、构建系统的外部治理制度、构建合理的内部治理结构、构建内部控制和风险管理体系以及依托章程完善法人治理实现机制等方面，探索完善营利性民办高校法人治理的具体路径及建议，实现营利性民办高校的"善治"与"良治"。

第一节 树立正确的法人治理原则

一、坚持教育公益性与市场性相统一的原则

董圣足（2010）指出[①]，"教育活动具备天然的公益属性和正外部效应"。从公益性的角度来看，民办教育和公办教育在公益性这个层面上具备一致性。营利性民办高校与政府举办和管理的

---

① 董圣足. 我国民办高校法人治理问题研究[D]. 上海：华东师范大学，2010.

公办高校有所不同，民办教育的诞生与发展就是为了满足市场所需，其所有的资源都是由市场提供的，民办学校开展的活动也要体现出市场化的特征，必须将市场机制引入内部运营之中，努力提高办学效益。在法人治理方面，营利性民办高校一定要理顺公益性与市场性之间的关系，在两者之间寻求平衡。在法人治理过程中，营利性民办高校要牢固树立公益性理念，努力回馈社会，引领学生向着社会期待的模样成长。在日常经营中，营利性民办高校不得违背高等教育的发展规律，应始终坚持寻求公益性发展。在日常办学中，营利性民办高校要充分体现出体制机制的优越性，针对市场需求灵活设置学科专业，强化成本意识、市场意识，不断提高投入产出比。正如教育部发展规划司司长刘昌亚在解读新修订的《中华人民共和国民办教育促进法实施条例》有关情况时谈到的："在动力机制上更加依靠改革创新，充分发挥民办学校灵活、敏锐的优势，有效激发民办教育的内生动能。"

二、保障高等学校学术自由的原则

对高等学校而言，确保学术自由是实现其基本职能的重要条件。同时，学术自由也是高校追求办学自主权或实现学校自治的重要体现。那么，怎样才能充分体现出学术自由，怎样才能发挥这项超脱特权的优势，同时增强高校的独特性与批判性，这是高校法人治理过程中的难点所在。为此，我们要注意四项内容：一是要对学术自由予以尊重，将学术自由思想贯穿于营利性民办高校建设与发展的始终，使其成为法人治理结构中的一项重要内容；二是要在行政与学术两项权力之间找到平衡点，不得对任何一项权力进行侵占或挤压；三是不能盲目追求学术自由，应将追求学术自由与政治自觉保持一致，根据我国发展情况慎重处理两者关系；四是在对营利性民办高校的法人治理优化和调整的过程中，应当充分突出权责结合思想，设定责任与制约的清晰边界，逐渐形成法治精神。

三、遵循营利性民办高校法人人格独立原则

法人人格独立是法人制度最为关键的原则之一，也是法人制度最为核心的特征之一。营利性民办高校法人与一般法人一样具备独立人格的基本元素，营利性民办高校法人治理应遵循法人人格独立的原则。营利性民办高校法人的独立人格体现在多个方面：第一，在学校财产层面具备独立性，这是营利性民办高校的办学基础；第二，具备独立名称；第三，独立承担民事责任。营利性民办高校属于营利法人，以营利为目的是该类法人的根本特征，我们要正确看待、充分尊重营利性民办高校这一法人特征，因为这是营利性民办高校法人治理制度的创建基础。此外，法人治理结构的完善是建立在独立法人人格基础之上的。同时，从教育学与管理学的角度来看，营利性民办高校法人的人格是否独立，还与营利性民办高校采用的教育管理体制或者学校自治程度等存在着必然联系。对营利性民办高校而言，其法人人格独立是否可以实现以及实现的具体程度主要受两方面因素的影响，即政府部门管制的严格程度和营利性民办高校办学自主权的大小。营利性民办高校法人人格独立与这些因素之间的关系是正相关关系，且始终处于动态发展之中。可见，营利性民办高校在构建法人治理制度过程中除了要落实法人财产权，还要深入开展教育管理体制改革，让办学自主权得到有效落实。

四、遵循权力分治与权力制衡原则

随着现代治理理论的发展及其在诸多领域的广泛应用，治理结构的设计越来越重视权力分治。以公司治理为例，基于权力分治和相互制衡的原则，其治理结构涉及决策系统、执行系统以及

监督系统三大部分，且这三部分之间是彼此独立、权责分明以及相互制衡的关系。在公司治理结构中，董事会、监事会、高级经理之间的制衡关系长期存在。在这一治理结构下，所有者投入资产，而董事会则受所有者委托管理资产。同时，董事会在公司结构中承担的是决策者的角色，可以根据情况聘用或解雇高级经理人员并根据其表现实施奖罚。高级经理是董事会聘用的，在董事会的授权之下实施经营活动。监事会的所有行为都要接受股东会的领导，在对高级经理与董事会进行监督时要保证独立性，承担相应的监管责任。与公司治理结构相比，营利性民办高校法人治理结构存在一定差异，但其决策、执行、监督三大机构必须具有独立性与自主性，这样才能在决策、执行、监督三大权力之间形成牵制。有鉴于此，营利性民办高校在构建内部法人治理结构过程中，不仅要保证权力分治，也要使权力互相制衡，从决策、执行、监督等方面入手实现机制体制的完善，为学校良性发展提供保障。

五、坚持自律与他律紧密结合的约束原则

自律与他律相结合体现出的是一种约束机制。其中，自律体现的是自我约束，而他律则体现的是外在约束。具体而言：自律是要形成自我约束，是自我严格要求，有利于增强内部规范性；而他律则要靠外界环境、规章制度、法律条款实现。他律是一种最起码的约束，是使被约束者向着规范化与法制化的方向发展；自律则是较高层面的约束，是从伦理道德方面提出要求。自律与他律的关注点有所不同，两者共同对营利性民办高校的办学活动进行监督，在法人治理结构创建的过程中，自律与他律都是不可缺少的。高等教育具有鲜明的公益性，作为公共利益代表的政府部门必须强化对营利性民办高校的监督与管理，对营利性民办高校的各项活动实施监管，形成有效的他律。

第二节 构建系统的外部治理制度

一、强化党组织地位功能作用

民办高校同样承担着为党育人、为国育才的重任，必须旗帜鲜明地坚持中国共产党的领导，坚持社会主义办学方向，落实立德树人根本任务，确保党的教育方针得到贯彻落实。《民办教育促进法》提出："民办学校中的中国共产党基层组织，按照中国共产党章程的规定开展党的活动，加强党的建设。"同时，国家层面对民办高校党建工作亦出台了相关指导文件，如《关于加强民办学校党的建设工作的意见（试行）》（中办发〔2016〕78号）（以下简称"78号文"）和《国务院关于鼓励社会力量兴办教育促进民办教育健康发展的若干意见》（国发〔2016〕81号）（以下简称"81号文"）等。其中，"78号文"对民办高校党建工作提出了系统要求，就党组织功能、民办高校党组织书记选派和任用等做出了细致规定。"81号文"从思想政治教育工作、党建工作两方面入手为民办高校党建工作的开展设定了目标。2020年，中组部等五部委联合印发了《民办学校党建工作重点任务》（以下简称《重点任务》），从充分发挥民办学校党组织政治核心作用、推进党的组织和党的工作有效覆盖、选好管好民办学校党组织书记、建立健全党组织参与决策和监督机制、做好发展党员和党员教育工作、抓好思想政治教育和德育工作、加强对民办学校党建工作的领导等方面对民办学校党组织的地位作用和实现机制作出了详尽规定，是新形势下民办高校全面加强党建工作的行动指南。民办高校党组织是政府参与民办高校治理的中介和桥梁，党组织负责人身兼政府督导专员，具备政府"外派性"的特征，负有把政府的管理意志传递到学校办学治校中的责任。因此，政府应进一步加强营利性民办高校党建工作，全面落实党组织督导、决策和监督的职能，从而对营利性民办高校举办者的办学动机和学校的日常办学行为产生更有效的约束和制约。

（一）完善督导专员制度

为了确保党对民办教育的全面领导，确保党的教育方针得到贯彻落实，我国在民办高校的管理实践领域创造性地建立了督导专员制度。2006年12月21日，国务院办公厅发布《关于加强民办高校规范管理引导民办高等教育健康发展的通知》，规定"依法建立政府对民办高校的督导制度，省级政府教育主管部门向民办高校委派督导专员。督导专员依法监督、引导学校的办学方向和办学质量，向政府主管部门提出工作建议，同时承担有关党政部门规定的其他职责"。同日，中共中央组织部及中共教育部党组联合发布《关于加强民办高校党的建设工作的若干意见》，规定民办高校中必须有一名以上的专职党组织负责人，且党组织负责人兼任政府派驻学校的督导专员。这两个文件为民办高校督导专员制度的建立奠定了坚实的政策基础。可以说，民办高校督导专员制度是在民办高等教育发展的特定阶段以及特定的背景下，为了规范民办高校的办学行为、提高办学质量、促进其和谐稳定发展而制定的一项新型的教育行政管理制度，是一项具有创设性的重要的教育行政制度，对提高我国民办高校的办学质量、规范办学行为、保持正确的社会主义办学方向等都具有重要的理论和现实意义。其中，"督导专员身兼党组织负责人"这一制度设计使督导专员制度成为沟通民办高校外部治理和内部治理的有效机制。

尽管督导专员制度在实践过程中还存在着主体地位不明确、职责职权不对等、配套机制不健全等问题，但只要我们充分认识到该项制度的意义和作用并加以改进完善，就能充分发挥其对营利性民办高校办学行为的调控、约束和限制作用。具体而言，一是完善督导专员用人机制，在选拔、培训、考评等环节形成系统性的制度体系，注重选拔"党性观念强""专业素质强"的双强型人员，着力改变督导专员老龄化结构，加强对督导人员的教育管理理论、教育督导知识等方面的培训，增强其基础业务素养，基于考评结果明确督导专员的激励方案和退出机制。二是完善督导专员权责机制，基于权责对等的原则，从职责分配、职权安排上进一步细化督导专员的履职清单，赋予并保障其履职所必须的资源和权限。三是健全督导专员工作机制，从"督"和"导"两个方面入手有针对性地建立健全相应的监督机制和指导机制，避免"只督不导"或"只导不督"。

（二）增强党组织参与决策能力

"78号文"主要从保证政治方向、凝聚师生员工、推动学校发展、引领校园文化、参与人事管理和服务、加强自身建设等方面明确党组织的功能，同时从推动民办学校把党组织建设有关内容纳入学校章程、明确党组织在学校法人治理结构中的地位、推进党组织班子成员进入学校决策层和管理层、健全党组织参与决策和监督制度等方面增强党组织的履职能力。此外，"78号文"还规定：凡是涉及民办学校发展规划、重要改革、人事安排的重大事项，党组织要参与讨论研究，董（理）事会在作出决定前要征得党组织同意；涉及党的建设、思想政治工作和德育工作的事项，要由党组织研究决定。但"78号文"规定的上述功能定位和决策事项并未涉及营利性民办高校真正的核心决策事项，即与经济活动、经济利益有关的事项。由于民办高校董事会体现出举办者控制的特征，党组织负责人尽管依法进入了董事会，但对重要事项的决策影响有限。有鉴于此，中组部等五部委联合印发的《重点任务》对民办高校党组织参与决策、影响决策的能力进行了更为有效的规定和保障，具体体现在以下五个方面。

一是强化章程建设中的党建内容。《重点任务》提出，民办高校应在学校章程中明确党组织的设置形式、地位作用、职责权限、参与决策机制和党务工作机构人员配备、经费保障等内容要求。章程在民办高校的内部治理中处于统领地位，这就从根本制度层面赋予党组织更大的权限。

二是健全党组织参与决策的制度。《重点任务》提出，要推进党组织班子与学校决策层和管理层"双向进入、交叉任职"，健全完善党组织与学校董事会的日常沟通制度。这一要求有助于党组织更好地参与到民办高校的决策和执行环节中，从而增进与决策机构、执行机构的沟通互信。

三是强调选优配强党组织书记。《重点任务》提出，要坚持上级选派与内部选任相结合，按照政治素质过硬、熟悉党建工作、懂教育善管理、有奉献精神的要求，选优配强党组织书记，同时明确提出要分级分类抓好党组织书记培训工作。这一要求进一步强化了民办高校党组织书记的任职资格和条件，强调通过加强选拔、培训工作增强党组织书记履职能力。

四是赋予党组织前置审查权限。《重点任务》提出，涉及学校发展规划、重要改革、人事安排和师生切身利益的重大事项，党组织要参与讨论研究，重点从坚持党的领导、把牢正确办学方向、严把领导人员的政治素质、维护校园和谐稳定等方面提出明确意见，经党组织会议研究同意后再提交董事会作出决定。这就从制度设计上在董事会决策前设置了前置审查环节，如果前置审查不通过、党组织不同意，董事会就无法对重大事项进行决策，从而对举办者的重大决策形成了强有力的约束作用。有的省份将党组织的前置审查事项扩展到其他领域，进一步制约了营利性民办高校举办者的经济活动。例如，上海市教委在2021年出台《关于进一步做好民办高等学校财务管理工作的通知》，明确提出学校预算、决算、对外投资、重大资产处置、担保融资、对外举债、关联交易、结余处置等重大财务事项由校长提出,经党组织研究后提交决策机构,并经 2/3 以上决策机构组成人员同意方可通过。这一要求倒逼营利性民办高校举办者坚持公开、公允、合理、透明的原则开展经济活动、获取经济回报,不得影响办学稳定和损害师生权益。

五是强化党建工作约束激励机制。《重点任务》明确党建工作成效将与招生计划、评优评先等影响民办高校发展的资源挂钩,要求民办高校健全党委工作部门,按规定配齐党务工作人员。同时,《重点任务》规定全额返还民办高校上缴的党费。这就从激励和约束两个层面有效引导营利性民办高校更加重视党建工作。

(三) 保障党组织监督作用发挥

党组织是营利性民办高校内部的重要监督力量。一方面,党组织是营利性民办高校内部治理的重要主体,监督保证社会主义办学方向是其根本使命;另一方面,党组织负责人身兼政府督导专员的制度设计使得党组织还要代表政府履行对民办高校决策行为和办学行为的监督。因此,政府要更加重视党组织在营利性民办高校内部的监督作用,弥补政府对营利性民办高校日常运行监督缺位的不足。

一是要进一步明确监督范围。由于民办高校党组织主要是发挥政治核心作用,其监督职能往往被定位为以政治监督为主,对营利性民办高校的决策行为和办学行为无法产生有力的约束作用。随着新形势的变化,为了更好地保障民办高等教育的公益性,维护学校的安全稳定,党组织的监督范围应进一步扩展,加强对营利性民办高校重大财务活动、教育教学运行、领导干部履职的监督。

二是要进一步丰富监督手段。《重点任务》提出要健全完善党组织与行政管理层联席会议制度,这有利于党组织通过全过程全方位参与学校办学活动实现其日常监督功能。《重点任务》还要求党组织定期组织党员、教职工代表等听取校长工作报告以及学校重大事项情况通报，以保障普通党员和教职工对学校重要工作、重大事项的知情权和监督权。

三是要进一步形成监督合力。一方面，加强党组织和监事会的联动与沟通，选好配强监事会中的党组织代表；另一方面，用好党组织领导群团组织的优势，推动工会、团委等群团组织借助教代会、学代会平台实现民主监督。

二、建立健全市场配置资源机制

从我国情况看，市场经济背景下高等教育的办学模式与体制都体现出新特征，营利性民办高校正是这一背景下的标志性产物，也是办学模式与体制改革成果的体现。可见，营利性民办高校能实现怎样的发展，必定会受到市场机制的影响。

（一）实现经营模式的市场化和管理体制的自主性

随着市场机制的不断完善，民办高等教育的经营模式与管理体制都将发生积极改变，日益体现出经营模式市场化、管理体制自主化的特征。从美国私立高校的发展情况看，在公平、宽松的氛围之下，美国私立高校拥有较高的自主性，也形成了激烈的竞争，形成了优胜劣汰的发展规律，逐渐进入良性循环之中。由此可见，政府要从以下两方面积极促进市场机制的进一步完善：第一，要形成市场化的经营模式，即营利性民办高校要在企业的支撑下寻求发展，在对办学事务实施管理时要借鉴企业的先进管理方法，在确保必要教学投入的前提下严格控制办学成本，不断提高投入产出效益；第二，要形成自主化的管理体制，即营利性民办高校作出的所有发展决策都要与法律法规保持一致，要坚定不移地执行政策方针，在政府部门的监督下管理事务、接受审计，同时政府还应保障营利性民办高校在办学与管理两方面都享有充分的自主权，包括教职员工招聘、招生、专业建设、课程安排等方面的自主权。

（二）发挥政府作用，进一步完善市场经济体制

营利性民办高校的良性发展离不开市场经济体制的日臻成熟。现阶段，在营利性民办高校发展过程中，政府要在改善市场环境方面做好以下工作：第一，规范营利性民办高校市场准入机制，对所有举办者的条件与资质进行严格审核；第二，持续完善市场监管机制，切实提高办学诚信度，严厉打击各种违法办学行为；第三，引入公平竞争机制，营造良好的竞争氛围，让营利性民办高校与非营利性民办高校、公办高校能平等地进行竞争，以竞争促发展；第四，建立营利性民办高校对外信息披露机制，让信息在营利性民办高校、企业、市场中得到高效传播，增进多方之间的联系，让办学活动更好地满足社会发展所需。

"依法办学、自主管理、民主监督、社会参与"是营利性民办高校法人治理的目标和营利性组织制度建设的共性特征。在构建外部制度的过程中，政府部门应从三个主要方面入手，即完善配套的法律法规制度、促进营利性民办高校办学自主权得到有效落实、强化营利性民办高校的财务监控。在构建内部制度的过程中，营利性民办高校应借鉴公司法人治理经验，完善自身内部治理结构，提升内部治理效果。

三、不断完善政策支持体系

为了支持营利性民办高校的发展，让举办者充满激情，让投资者的权益得到维护，政府层面应从设计法人治理结构方面入手，从法律层面赋予营利性民办高校与公办高校平等的地位，并从税费方面为其制定优惠政策。特别是在营利性民办高校法人治理结构设计方面，一是以法律条款的形式明确董事会的法人地位，确立以校长为首的办学团队是学校办学运行的主体，确保所

有权和控制权（经营权）实现有效分离；二是将师生纳入治理体系并将其视作强大的力量，为师生双方提出诉求、维护权利进行渠道建设，特别要思考学校在经营中陷入困境时怎样才能更加合理地对师生进行分流与托管，形成完善的应对方案；三是要积极进行学校党委与监事会的职能建设与机构调整，使其成为重要的治理主体，为营利性民办高校平稳运行提供保障。

营利性民办高校不管在哪一个发展阶段，其具备的公益性特征都是不可更改的，为此，政府要确保监管的有效性，允许学校在低风险产业范畴内进行投资，鼓励营利性民办高校拓宽收入来源渠道，着力改变学费是主要收入来源的现实状况；在营利性民办高校收费方面要实施市场化改革，鼓励优质优价。此外，政府还要牵头构建完善的退出机制，适时对营利性民办高校进行审查和评估，加强对学校日常管理、财务状况、教学质量的监管；在评估中如果发现学校存在管理混乱严重影响教育教学、产生恶劣社会影响、抽逃资金或者挪用办学经费等违规事项或违法行为，要严格执行警告或退出制度，强化法人治理主体的法律责任意识。

四、全面强化政府各项监管制度

（一）学校资产管理

目前，不少民办高校财务运作不规范，举办者随意抽取办学资金、过度追求经济回报等现象时有发生。因此，监管部门要进一步强化财务审计工作，加强对营利性民办高校资产管理、资金运行的监控，以降低营利性民办高校的办学风险。首先，要切实推进营利性民办高校落实法人财产权，依法保障和维护营利性民办高校法人财产的完整性、独立性和安全性。其次，要按照《公司法》的要求，尽快出台营利性民办高校财务准则和会计制度，实施营利性民办高校资产分类管理，加强对营利性民办高校办学成本的核算和控制。再次，要推进营利性民办高校办学经费预算制度，逐步实行收支两条线管理，防止以预算代替决算，保障营利性民办高校学费收入的主要部分用于教育教学活动，同时加强对营利性民办高校财务活动的监控，重视防范并化解债务危机。最后，要探索建立营利性民办高校风险保证金制度，对风险保证金实行专户管理、专款专用。

（二）举办者变更管理

举办者变更实质上就是学校控制权（举办权）的交易行为，这种交易行为具有明确的诱因与动机。刘亮军和王一涛（2021）分析指出，举办者变更可能会造成以下三个方面的负面影响：一是举办者的非公平关联交易会损害师生的利益；二是部分教育集团通过并购及变更举办者的方式实现集团化这一办学模式存在隐性风险，即教育集团一旦出现资金链断裂或遭遇市场突变时可能破产，产生不可估量的风险，造成下属多所学校运行不稳定和师生恐慌，引发社会不稳定事件；三是举办者变更后的新管理机制将导致民办高校的大学文化、发展规划、绩效考核和薪酬待遇等发生改变，从而增加内部冲突和矛盾，使学校丧失原有的内生发展动力。因此，政府部门应当进一步完善举办者变更管理制度，细化和明确营利性民办高校举办者变更程序，包括变更前的报审程序、核查程序以及财务清算和资产交割程序等，通过严格的变更程序管理杜绝可能出现的灰色交易，确保举办者变更各项工作严格按照国家法律法规执行。

（三）关联交易监管

依据《民办教育促进法实施条例》，营利性民办高校在遵守公开、公平、公正及合理定价原则的基础上可以实施关联交易。政府部门应采取有效的监管措施，强化对营利性民办高校关联交易行为的监管力度，明确违法行为的法律责任，促进营利性民办高校关联交易的规范化。为此，政府部门应对营利性民办高校关联交易行为进行严格监管，要求营利性民办高校制定相应的关联交易决策程序和信息披露制度，确保关联交易的公开、公平、公正、公允。此外，政府部门还应发挥审计监督的重要作用，对营利性民办高校与利益关联方签订的协议予以监管，尤其侧重对其合法性、合规性进行审查和审计。

（四）建立完善的信息公开和信息披露制度

教育部对高等学校信息公开事项有明确的要求，并在"高等学校信息公开事项清单"中列举了基本信息，招生考试信息，财务、资产及收费信息，人事师资信息，教学质量信息，学生管理服务信息，学风建设信息，学位、学科信息，对外交流与合作信息，其他 10 个类别共计 50 项公开事项。《民办教育促进法实施条例》也要求，营利性民办学校应当建立利益关联方交易的信息披露制度，通过全国信用信息共享平台、国家企业信用信息公示系统公示相关信息；教育行政部门及有关部门应当制定实施学前教育、学历教育民办学校的信息公示清单，监督民办学校定期向社会公开办学条件、教育质量等有关信息。香港联交所对上市公司从关联交易、持续责任、财务资料、须予公布的交易、内幕消息等方面明确了信息披露要求。这对民办高校的治理产生了积极影响，也正是因为港交所的信息披露要求，公众才有机会清晰直观地了解民办高校的核心财务数据和经营状况。

信息披露具有强制性、连续性、单向性的特点，信息披露人除了要承担信息披露的义务，还要对所披露信息的真实性承担责任，这就对营利性民办高校举办者的营利动机、营利行为产生了有效的约束。例如，营利性民办高校在披露关联交易时，若交易事项未遵循公开、公平、公允的原则，或者定价不合理，就会面临道德上的压力甚至法律上的责任。建立健全营利性民办高校信息披露制度，可以对营利性民办高校的营利性行为产生有效的约束作用。

（五）完善信用管理制度

2018年，教育部等十三部门发布了《民办教育工作部际联席会议2018年工作要点》，明确提出"积极推进民办教育领域社会信用体系建设"。《民办教育促进法实施条例》也明确提出："教育行政部门、人力资源社会保障行政部门及有关部门应当建立民办学校信用档案和举办者、校长执业信用制度，对民办学校进行执法监督的情况和处罚、处理结果应当予以记录，由执法、监督人员签字后归档，并依法依规公开执法监督结果。相关信用档案和信用记录依法纳入全国信用信息共享平台和国家企业信用信息公示系统。"为促进营利性民办高校的健康发展，政府部门应当从以下两方面入手，完善营利性民办高校的信用管理制度。

一是完善营利性民办高校信用评价体系。政府部门应当采取有效措施构建由教育部门主导、行业协会依托、专业评级机构实施的民办学校信用评价综合管理机制，将办学条件、安全管理、教职工管理、收退费管理、社会评价等纳入营利性民办高校信用评价体系。在信用评价过程中，政府部门应在坚持公开、公平、公正、透明的原则基础上，构建具体的评价指标体系，对营利性民办高校遵守法律法规、履行社会职责以及社会公信度等情况进行综合评价，以合理评估营利性民办高校的信用情况。

二是制定营利性民办高校信用管理的红名单和黑名单，将遵守诚信办学的高校列入红名单，将存在违规办学、失信行为的学校及其举办者和负责人列入黑名单，并将其失信行为同步归集至政府信息公开网站和信用网站，进行公示并联合惩戒，以规范营利性民办高校的办学行为。政府通过制定营利性民办高校办学规范等法律法规，实现对营利性民办高校的底线管理，促进营利性民办高校诚信办学。

五、建立第三方评估鉴证制度

针对营利性民办高校创造的经济效益与社会效益，政府监管部门需要对其进行客观评估，形成强烈的评估意识，通过评估了解营利性民办高校在不同发展时期的具体情况。在这方面，美国同时发挥行政与市场两类监督的作用，前者由政府部门实施，后者由社会监管机构执行，两大评估主体形成良好的合作互补关系，而且顺利通过评估的营利性高校能获得联邦政府的丰厚补贴与资助，从而有效增强了高校参与评估认证的主动性。我国尽管对民办高校的发展予以重视，也为此出台了相应的法律文件，但在对民办高校的办学质量与公益性价值进行评估时，监管部门评估工作的专业化水平却比较低，只是根据现有标准进行排名，难以全面而真实地体现出学校的实际情况，社会各界也不能如实地了解营利性民办高校的发展情况。因此，我国要及时引入第三方评估并形成相应的监管制度，请社会机构参与评估，采取随机巡视、定期视察相结合的方式进行评估，以具体的评估指标为依据形成评估报告，通过网站及其他渠道及时公布评估结果。在这样的评估体系中，营利性民办高校的办学水平会逐渐提升，并创造更高的社会价值。

第三节 构建多元共治的内部治理结构

如前所述，举办者的办学动机与多元利益诉求之间的冲突是营利性民办高校法人治理相关问题产生的成因，由此可知，营利性民办高校法人要将不同利益相关者纳入治理体系，在利益相关者中形成利益平衡与制约机制，关注所有利益相关者的诉求，形成良好的权利博弈机制。营利性民办高校法人治理结构具有显性的表现，我们在对其内涵进行分析时，要重点关注权力分配与再分配问题。从本质上来讲，这种权力的分配与再分配是责任分配与调和的必然要求。在法人治理过程中，营利性民办高校必须协调好多方利益关系，将更多的利益相关者纳入考虑范畴，增强监督体系的有效性，体现出教育的公共性与公益性。

一、明确董事会权力中枢地位，更好发挥决策核心作用

营利性民办高校的董事会兼具决策机构和权力机构的职责功能，同时因应法律法规的规定和要求，其构成体现出利益主体多元化的特征，即举办者代表、党组织代表、校长代表、教职工代表均参与其中，为多元利益的平衡提供了最有效的议事载体。在营利性民办高校的法人治理结构中，董事会处于核心地位，掌握着学校的核心决策权力，为不同利益相关者建立起最有效的沟通和博弈平台。为了构建多元共治的内部治理结构，营利性民办高校治理结构改革应致力于学校所有权与经营权的分离。两权分离意味着生产资料所有者在生产力方面可能无法占据最大的优势，而最强生产力拥有者却不一定拥有丰厚的生产资料。民间富余资本创办营利性民办高校的目的就是获得更多的利润，利益增值是其重要追求目标，而包括校长在内的管理人员则扮演着职业经理人的角色，即确保董事会的各种决策能得到有效执行，让董事会设定的目标得以实现。在营利性民办高校治理体系构建过程中，最关键的一点是要在两权之间设定清晰的界线，因为学校运行机制是否完善或是在执行过程中是否顺畅与所有者让渡了多少经营权有关。如果董事会对经营权控制过多，则管理层无法作出合理决策；如果董事会难以把握学校的经营方向，学校治理就会陷入混乱之中，或是被新的利益群体牵绊。因此，董事会不应该拥有经营权，而是要通过决策权对经营权的行使进行影响与引导。为了进一步明确董事会的权力中枢地位，更好地发挥其决策核心作

用，民办高校应关注从以下几个问题。

（一）保障举办者权益

根据产权理论，产权具备激励和约束功能，是规范举办者行为的最佳工具。在营利性民办高校投资创建与后续发展中，投资方的利益应予以有效维护，因为只有维护好产权所有者的积极性，才能起到最有效的激励作用。基于董事会在营利性民办高校法人治理中的权力中枢地位，应充分保证投资方在董事会中的地位和权限，明确投资方可通过继承与授权两种方式获得席位和权力，但应将数量限定在一定比例内。有学者收集了74所有20年以上办学历史的独立设置的民办本科高校官网办学信息，通过对学校举办者类型的分析，发现举办者的主体力量为自然人和私营企业，占比分别为17.6%和62.2%，除此之外，举办者类型还包括社会组织、基金会、民主党派、政府部门等。87.7%的民办高校由1个举办者所举办，12.3%的民办高校由2个或多个举办者所举办。根据相关法律法规的界定，营利性民办高校的举办者只能是自然人或私营企业，因此从上述调研分析可以发现，营利性民办高校的股东呈现出强烈的单一化特征。正如前文分析，营利性民办高校的股东会或出资者实际上将一部分核心权力让渡给了董事会，营利性民办高校的董事会其实兼有"权力机构"和"决策机构"的职能。全国人民代表大会常务委员会法制工作委员会在2020年发布的《对营利性民办学校决策机构法律适用问题的答复意见》中明确指出：营利性民办学校是公司法人的，其决策机构适用《民办教育促进法》的特别规定。但一方面，《民办教育促进法》的特别规定中并未将原本属于股东会的权责全部让渡给董事会；另一方面，出于保护出资者权益的需要，应该对营利性民办高校的股东会或出资者的权责进一步予以明确。这是重构营利性民办高校法人治理结构的核心问题。

(二)规范董事会人数

《民办教育促进法》规定:"学校理事会或者董事会由5人以上组成,设理事长或者董事长一人。"根据这一规定,如果董事会成员数量比较少,其决策、监管不能覆盖更广的范围,不能维护利益相关者的权益;如果成员数量比较多,意见难以统一,会对董事会作用的发挥产生阻碍,影响决策效率。因此,为了提升营利性民办高校的决策水平,董事会成员人数应控制在9~13人。同时,在确定董事会成员人数的时候,也应综合考虑营利性民办高校的办学规模、投资结构以及办学性质等相关情况。

(三)完善董事会结构

《国务院关于鼓励社会力量兴办教育促进民办教育健康发展的若干意见》(国发〔2016〕81号)规定:"董事会(理事会)应当优化人员构成,由举办者或者其代表、校长、党组织负责人、教职工代表等共同组成。"《民办教育促进法实施条例》提出,鼓励民办学校理事会、董事会或者其他形式决策机构吸收社会公众代表,根据需要设独立理事或者独立董事。营利性民办高校在治理过程中,应当通过完善董事会结构来确保其应有作用的充分发挥。营利性民办高校董事会结构应体现多元化特征,要全面地涵盖举办者、校长、党组织负责人、教职工代表等,同时适当控制举办者代表比例,尝试吸收社会公众代表,确保董事会作用的充分发挥。

(四)明确董事会职责

目前,一些营利性民办高校在法人治理过程中存在董事会职责不明确的问题。例如《民办教育促进法》明确规定"筹集办学经费"属于董事会职责,但相当一部分的营利性民办高校制定的章程中并未涉及"筹资职责"相关内容。此外,在营利性民办高校内部管理中,董事会与包括校长在内的管理层之间难免会发生摩擦,形成矛盾。为此,营利性民办高校法人治理应重点对双方的关系进行协调，尤其应清晰地划定董事会与董事长的职责边界，确保各自都能承担责任，并形成良好的合作关系。

（五）健全董事会制度

一是应当建立合理的董事会议事规则，将"会议召开"与"全体表决"当成重点内容。《民办教育促进法实施条例》对董事会召开频次、重大事项通过条件作出了明确规定。为增强董事决策的独立性和责任感，营利性民办高校可进一步参照《公司法》的要求，明确董事会应当对所议事项的决定作成会议记录，出席会议的董事应当在会议记录上签名，同时规定董事会决议的表决实行"一人一票"，确保每位董事都能根据自身所代表的利益群体或立场表达意见，避免举办者或董事长"一言堂"。二是营利性民办高校应建立董事会回避制度。凡是与其利益相关的问题，相关董事在决议过程中必须回避，尤其是在高级管理人员安排、关联交易等财务重大事项方面，更要推行回避制度。三是强化专门委员会的作用。营利性民办高校应在发展战略、薪酬体系、内部审核等方面建立相应的委员会并发挥好专家的作用，促进决策科学化、合理化。

（六）加强董事会监督

《民办教育促进法实施条例》仅提出民办学校应当设立监督机构，要求监督机构依据国家有关规定和学校章程对学校办学行为进行监督，但未明确监督机构的职责范围，这就容易导致营利性民办高校内部治理缺乏对董事会的监督安排。因此，监管部门有必要参照《公司法》的规定，进一步明确营利性民办高校监事会的监督职责，如对董事执行职务的行为进行监督，对违反法律、行政法规、学校章程或者董事会决议的董事提出罢免的建议，当董事行为损害学校的利益时要求董事予以纠正等，同时监事还可以列席董事会会议，并对董事会决议事项提出质询或者建议。

二、加强校长团队建设，提升营利性民办高校决策执行力

校长拥有的行政管理权实际上就是举办者让渡的经营权的具体体现。营利性民办高校的经营权属于授权权力，举办者要充分尊重校长的经营权，支持以校长为首的专家治校制度；以校长为首的行政团队也要不断提升专业化水平，提升办学治校能力。

（一）完善校长准入制度

建立完善的营利性民办高校校长准入制度是优化法人治理结构的必然要求。《民办教育促进法》对校长任职条件、推选程序等内容作出了相关的规定。营利性民办高校应依据法律法规，参照同类公办学校校长选聘层面的规定和要求，依据本校实际情况和发展需要，遴选出具有教育情怀、管理经验、经营思维的校长，兼顾好教育公益性和市场营利性的双重价值需求，引领学校不断提升办学水平、办学绩效，满足不同利益相关者的诉求。同时，营利性民办高校还要推动建立校长职业化制度，完善校长遴选机制，通过成立校长遴选委员会的方式扩大校长遴选范围、规范校长遴选程序。

（二）支持校长开展工作

营利性民办高校董事会拥有聘用和解聘校长的权力，但是营利性民办高校校长绝不是"临时工"，不能只是在需要的时候紧急招聘，不需要的时候解聘。《民办教育促进法》规定"民办学校校长依法独立行使教育教学和行政管理职权"，因此，举办者应给予校长充分授权，确保其在教育教学和行政管理方面履职的独立性。同时，营利性民办高校校长应严格按照学校章程行使应有的权力，履行应有的职责。

（三）增强校长履职规范性

在营利性民办高校中推行校长负责制的前提是要坚持董事会

的领导，在学校相关事宜处理过程中，董事会与校长的分工应明确合理，确保校长能在教育教学、行政管理两个方面独立地行使权力。例如，营利性民办高校要在校长与董事会之间建立有效的沟通交流机制，双方不仅要合理地进行责任划分，也要在权力行使方面形成制衡，共同致力于内部管理效率的提升，实现高质量发展；要通过党组织、监事会、教代会等监督力量，加强对校长履职的监督。

营利性民办高校在选拔或招聘学校领导时，要从多个方面入手设定标准与条件，候选人既要有渊博的知识，也要有管理经历，还要有闯劲、拼劲，更要有高尚的情操与良好的人格。此外，中层干部作为校级领导的后备力量，是学校建设与发展的中流砥柱，营利性民办高校要通过组织培训、安排轮岗等方式让中层干部参加锻炼，增强他们对教育规律的把控能力和对问题的分析与解决能力。总之，校长及其领导的行政团队建设是营利性民办高校良性发展的重要保障。

三、健全多方利益群体参与的内部监督机制

（一）完善监事会工作机制

随着新法新政的实施，民办高校监事会的建设被置于更重要的位置，尤其是在营利性民办高校在内部治理中体现出决策"专制化"、管理"家族化"、监督"形式化"、文化"企业化"的情况下，建立健全具有独立性、专业性、公正性和公益性特点的监督机构已成为当务之急。[①] 营利性民办高校要进一步完善监事会的工作机制，形成监督权力对决策权力和执行权力的有效制衡，具体可从以下三个方面着手：一是明确监事会职权范围，包括检查学校公司财务，对董事、校长执行职务的行为进行监督，对违反

---

① 刘永林,周海涛,胡爽. 构建民办学校独立监事制度[J]. 教育发展研究,2021(5)：28-35.

法律、行政法规、学校章程或者董事会决议的董事、校长提出罢免的建议，纠正董事、校长损害学校利益的行为，对董事、校长提起诉讼，列席董事会并对董事会决议事项提出质询或者建议，以及在发现学校经营异常时聘请会计师事务所等协助其工作；二是拓宽监事会组成人选，例如积极探索独立监事制度，吸纳校外的法律、财务、管理专家担任独立监事，进一步增强监事会履职的专业性；三是保障监事会工作条件，着力改变校内监事兼职化的状况，推动监事专职化，对监事履职提供必要的场所、物资、薪酬，承担监事履职所产生的费用。

（二）强化教代会民主监督作用

根据 2018 年 12 月 29 日第十三届全国人民代表大会常务委员会第七次会议通过的《关于修改〈中华人民共和国高等教育法〉的决定》，高等学校要对教职工的民主监督与管理权予以重视，教职工在参与管理与监督过程中教代会要发挥重要作用，有效维护教职工权益。营利性民办高校的教师与公办高校的教师一样，均享有民主管理与监督的权利，教代会的设立与发展为教职工参与学校管理与监督提供了有效载体。因此，在涉及教职工切身利益的决策事项时，营利性民办高校应先提请教代会审议，再提交董事会决策，以充分保护教职工的权益。

（三）保障学生群体的知情权和民主参与

学生群体作为受教育者，在学校的治理体系中往往是被管理的对象，他们在主动参与决策和监督方面均缺乏相应的机制保障和路径依赖。营利性民办高校要重视保障学生的知情权和参与权，在作出涉及学生切身利益的决策事项时，应通过学代会或其他方式让学生知情，或通过听证会的形式充分征求其意见，同时建立学生权益的申诉和救济机制。

第四节 加强内部控制和风险管理体系建设

内部控制与风险管理理论已有近百年的发展历史，其理论框架与实践体系日臻成熟。实践证明，其在公司治理领域中的应用和实践取得了显著的实效和成果，但在高等教育领域，这些理论只是得到了浅层应用。营利性民办高校身兼大学和企业两种组织属性，其在办学运行中有必要充分利用内部控制与风险管理取得的理论成果和实践成果，构建完善的内部控制和风险管理体系，从而推动治理水平的提升。

一、强化营利性民办高校内部控制建设

COSO 的内部控制框架主要有五大要素，分别是控制环境、风险评估、控制活动、信息沟通、内部监督，任何公司在开展内部控制体系建设时都会围绕这五大要素进行。鉴于本节第二部分将重点探讨营利性民办高校的风险管理体系建设，下面仅围绕其余四个要素进行讨论。

（一）营造内部控制环境基础

控制环境是企业实施内部控制的基础，一般包括治理结构、机构设置及权责分配、人力资源政策、企业文化等。营利性民办高校应重点围绕以下几个方面开展内部控制环境建设：一是健全法人治理结构，在内部建立相互协调、相互制衡的管理架构，实现决策、执行、监督职能的有机分离，明确董事会在内部控制框架构建中的核心地位，重视发挥董事会作用，推动董事会构成多元化，建立相应的专门委员会并充分授权；二是强化内部控制意识，尤其是董事会和校领导应率先认识内部控制的内涵和意义，将内部控制意识逐级往下传递，形成组织内部良好的内控文化，推动内部各项管理事务的流程化、制度化、规范化；三是设置合

理的组织结构，明确不同层级的管理权限、审批权限，形成合理的内部授权矩阵，避免权限集中、越级汇报等现象，尤其是明确董事长和校长的权限划分，确保校长独立行使教育教学和行政管理权限；四是强化内审力量，设置相应的内部控制部门，对内部控制流程的可靠性、有效性和完整性定期开展审查和评估，确保学校各项运行符合法律和政府监管要求。

（二）规范内部控制活动

控制活动是指企业根据风险评估结果，采用相应的控制措施，将风险控制在可承受范围之内的活动。营利性民办高校应善于抓准关键控制节点，重点在采购、财务、合同管理、印章管理、教学质量监控等关键事项上，明确各部门员工的职责内容、各业务流程的分工与授权，严格防止舞弊行为的发生。例如，在采购管理方面，应事先明确采购环节的控制目标，然后执行严格的采购流程，对采购职责进行清晰界定，防范差错和舞弊；在预算管理方面，要科学编制学校预算，加强预算执行力度，跟踪预算执行进度，建立有效的预算执行偏差预警制度并及时予以控制；在教学质量监控方面，要有效监控人才培养过程中各个环节的教学质量，及时发现问题，制定补救措施，提出整改方案。

（三）畅通信息沟通渠道

信息沟通是指企业及时、准确地收集和传递与内部控制相关的信息，确保信息有效沟通、正确使用的过程。信息沟通是实施内部控制的重要条件，及时高效的信息沟通有助于防止信息不对称造成的不利影响。营利性民办高校要从内部沟通和外部沟通两个方面着手建立畅通的信息沟通渠道。就内部沟通而言，营利性民办高校要建立更加完善的内部信息沟通机制，畅通自上而下和自下而上的双向信息流通渠道，利用现代信息技术建立扁平化的信息传递体系，保证信息传递的及时性、准确性，在作出重大决策时要善于听取各方意见；就外部沟通而言，营利性民办高校应当建立良好的外部沟通渠道，加强与政府、投资者、供应商、用人单位、家长、社区等有关方面的沟通和反馈，完善信息公开和信息披露制度和程序，及时、客观、公平、真实地向外界公开或披露学校的发展规划、办学条件、办学成果、投融资计划、年度预算、关联交易、财务状况、办学结余处置方案等方面的信息，积极加强与政府监管部门的沟通和协调，及时了解监管要求并贯彻落实到学校办学运行过程中。

(四) 提高内部监督水平

内部监督主要指企业对内部控制的建立与实施情况进行监督检查，评价内部控制的有效性，发现内部控制缺陷，并及时加以改进。由此可见，对内部控制的监督不同于党组织、监事会、教代会等权力主体的监督，是一种专业化的监督，需要营利性民办高校强化内部审计力量。国际内部审计师协会在其制定并修订的《内部审计实务标准》及《职责说明》(2001) 中认定："内部审计是一项独立、客观的保证和咨询活动，其目的在于增加价值和改进组织的经营。它通过系统化、规范化的方法，评价和改进风险管理、控制和管理过程的效果，帮助组织实现其目标。"这是目前较为权威的关于内部审计的界定。[①] 2002 年 4 月，国际内部审计师协会在提交给美国国会的《改善公司治理的建议》中特别指出，健全的治理结构建立在董事会、执行管理层、外部审计和内部审计四个"基本主体"的协同之上。[②] 营利性民办高校要重视发挥内部审计职能，全面参与学校的事前预防、事中控制、事后监督，及时发现学校内部控制中存在的缺陷并提出整改建议或方案。营利性民办高校还可积极探索外部审计制度，聘请社会专业

[①] 陈艳利,刘英明. 基于公司治理的内部审计问题研究[J]. 审计研究,2004(5): 85-88.
[②] 王光远,瞿曲. 公司治理中的内部审计——受托责任视角的内部治理机制观[J]. 审计研究,2006(2): 29-37.

审计机构对学校经济业务活动的合理性、合法性、准确性、真实性和效益性开展审查，从而起到对内部审计的支持和指导作用。

二、健全营利性民办高校风险管理体系

根据 COSO 在 2004 年发布的风险管理框架，风险管理由八个要素组成：内部环境、目标设定、事件识别、风险评估、风险对策、控制活动、信息与沟通、监督。这八个要素涵盖了内部控制框架的五要素，可见风险管理包括内部控制。英国 Turnbull 委员会认为，公司的内部控制系统在风险管理中扮演着关键角色，内部控制应当被管理者看作是风险管理的必要组成部分。风险管理包含内部控制，它是公司治理的重要基础。对营利性民办高校而言，全面加强学校的风险管理是所有利益相关者的一致目标，所有利益相关者各自利益诉求的实现离不开学校的健康、稳定、可持续发展。因此，营利性民办高校要全面加强风险管理体系建设，及时识别风险，对风险进行准确评估，并根据风险源制定应对措施。

（一）加强营利性民办高校自身风险防范能力

第一，要树立科学的办学理念，摒弃急功近利的办学行为。在我国，绝大多数营利性民办高校举办者对学校实现了强有力的控制，除举办者以外的其他利益相关者无法充分地参与到营利性民办高校的决策中，其应有的参与权未得到充分的体现。营利性民办高校的办学者、管理者都要及时摒弃过时的教育发展理念，以可持续发展为目标，准确把握教育发展规律，摒弃功利化办学的做法，增强办学长期性意识，消除各种短视行为，在办学过程中要始终做到守法守纪，创造更高的公益性效益，避免形成急功近利的思想，维护良好的办学信誉。

第二，完善营利性民办高校内部治理机制，最大限度地减少决策风险。营利性民办高校要积极借鉴国外大学的法人治理经

验，在董事会领导之下不断完善校长负责制，在董事会成员确定过程中要遵守亲属回避原则，吸纳更多的利益相关者代表并尊重其意见。董事会要形成完善的议事章程，对议事程序、方法等作出明确规定，增强会议组织的严肃性与透明性。同时，其他治理主体也要拥有足够的话语权与决策权，特别是学术委员会、党组织、教代会等，要对举办者的相关权力进行制约。营利性民办高校在发展中要始终坚持党组织的领导，始终坚持社会主义办学方向，在教学与科研等事务中要对校长的独立决策权予以尊重，也要通过教代会制度的完善维护教职工的根本利益。此外，营利性民办高校还要加快建设学术委员会制度，确保其能在学科发展、课程建设、教师职称晋升等事务中发挥应有的作用。

第三，建立完善的财务管理制度，有效预防和化解财务风险。一是提高贷款管理有效性，即确定合理的贷款额度，在确立贷款建设项目之前先开展充分的可行性论证，增强项目的合理化与科学化，避免支出过高超出学校的承受能力，控制好财务风险。二是形成良好的贷款额度控制机制。营利性民办高校要对自身财务状况有充足的了解，切实增强内部审计工作的有效性，避免发生资金风险。我国当前大多数营利性民办高校是采用"投资办学"的模式举办的，因此，学校与企业资产需要以构建防火墙的方式分离开来，避免企业资金风险对学校运行造成不良影响。三是加大监管力度，在财务风险管理方面形成有效的预警系统。该系统涉及信息采集与传递、财务风险管理与控制等内容，其中信息采集要做到灵活高效，这是风险预警系统充分发挥作用的前提。在财务风险管理方面，营利性民办高校中的财务人员不仅要对收集到的数据进行分析，而且要将分析结果反馈给相关部门。财务预警系统中最重要的一项内容就是风险分析，管理人员要对财务数据进行深入分析，将风险划分为不同的等级，将一些影响较为微弱的风险排除在外，对于会引发严重后果的财务风险，一定要引起足够重视并分析风险源，对可能造成的损失进行评估，制定高效的应对措施。四是建立完善的营利性民办高校资产与财务监管制度。营利性民办高校要采取合理有效的措施落实法人财产权，在法律法规的支撑下保障法人财产安全与完整。营利性民办高校要在财务管理与会计工作实施过程中制定相关制度与准则，分门别类地管理资产，及时核算办学成本并进行控制，避免出现法人资产流失与浪费等情况。此外，营利性民办高校还要将办学经费纳入预算管理，实行收支两条线管理，将更多的学费收入向教育教学活动倾斜，及时高效地对财务活动进行监控，避免债务危机的发生。

（二）建立风险预警与评估系统，提高风险应对能力

风险的发生通常是多重因素共同作用引发的，为了顺利地化解办学风险，营利性民办高校需要从多方面进行深入分析，形成全面、广泛的认知。

第一，建立风险预警机制。风险管理预警机制的完善能对全体成员起到引领的作用，使之对风险管理目标产生正确的理解。营利性民办高校在风险管理中要保证权责分明，指定风险管理责任人。营利性民办高校要在风险管理过程中强调全员参与的重要性，拟定风险管理方案并编制执行计划书，在风险预警发生后，相关责任人应快速反应并进行防控，从而增强风险管理的有效性。

第二，建立风险应对机制。风险管理具有系统性的特征，应对风险是风险管理的关键一环。营利性民办高校要将风险管理当成内部治理的一项重要内容，把风险管理融入日常教学与管理中，让全校师生员工都参与风险管理工作，强化全体师生的风险意识。

第三，建立风险管理的绩效考评机制。多变是风险因素的基本特征，管理者不能只是按部就班地执行风险管理方案，而要根

据具体情况做出灵活调整。在风险管理实践中，管理者要对管理效果进行动态监控和评估，分析风险管理的时效性与适用性，及时对存在的偏差进行矫正，根据具体情况制定新措施。

第四，建立和完善风险评估体系。营利性民办高校要及时对风险管理现状进行分析，明确风险事件的成因，立足学校的发展情况系统地构建风险评估指标体系，合理有效地开展风险评估。这是规避风险的重要基础。

第五节 以章程为统领完善法人治理机制

《民办教育促进法实施条例》规定了民办学校章程应包括的内容事项，同时强调"民办学校应当将章程向社会公示，修订章程应当事先公告，征求利益相关方意见"。在营利性民办高校治理中，加强章程建设可以明确学校治理的要求和各利益主体的权责，并为参与营利性民办高校治理的各利益主体满足其自身利益诉求提供制度层面的保障，从而实现利益相关者的多边治理。同时，加强章程建设可以实现营利性民办高校内部各项工作的有序安排，确保内部控制工作的有效运行，促进营利性民办高校治理体系的进一步完善。

当前，营利性民办高校章程建设还存在不少问题。王维坤和张德祥（2017）在对105所民办高校章程进行文本分析的基础上，发现民办高校章程建设主要存在五个方面问题，即章程内容要素不齐全、章程个性特色不突出、内部权力结构不均衡、内部权力运行不规范和民主监督机制不健全。我们从现阶段营利性民办高校章程建设的现实状况可以看出，营利性民办高校在法人治理结构设计方面还存在不完善之处，具体体现在三个方面：第一，缺乏针对决策机关足够详细、明确的选任规则，且决策机关议事规则、决策程序还不够清晰;第二,对执行者而言,章程缺少针对执行者的过程性约束,容易造成执行者独揽大权问题的出现;第三,对监督机关而言,章程中缺乏足够详细的监督机关架构规则、工作机制等。

对营利性民办高校而言,是否具备完善的章程,是否有效实施章程,会对其法人治理产生影响。为有效地推进营利性民办高校法人治理,营利性民办高校应立足实际情况以及社会主义教育事业发展规律,通过着力推进学校章程建设,有效地规范内部权力配置问题,协调决策者、执行者、监督者以及其他利益相关者的相互关系,明确董事会、校长、党组织、监事会、教代会、学代会等不同权力主体的运行机制。此外,营利性民办高校还应以现代大学制度为框架,完善民主管理决策制度,构建"五位一体"的法人治理结构,有效地确保营利性民办高校中各利益相关者应有的权利,有效地协调各利益相关者之间的关系,形成符合学校实际情况的章程。

一、科学配置内部权力,建立"五位一体"法人治理结构

营利性民办高校在正确认识法人治理结构对学校建设和发展的重要作用基础上,应围绕法人治理结构的需要,以现代大学制度为框架,建立全面涵盖董事会、校长、党委、监事会以及教职工代表大会在内的"五位一体"的法人治理结构(图6-1)。在营利性民办高校法人治理结构中,董事会是最高的决策机构,居于核心位置,主要职责在于围绕营利性民办高校建设与发展制

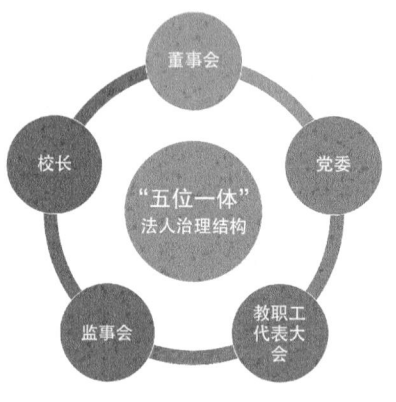

图6-1 营利性民办高校"五位一体"的法人治理结构

定发展战略以及重大政策，其成员包括营利性民办高校各利益相关者，具有独立性和多元性特征。在董事会的领导下，校长作为营利性民办高校的办学主体，负责学校日常行政管理。营利性民办高校要清晰界定董事会和校长的责权分配，确保所有权和经营权的有效分离。党委负责人兼政府督导专员，由政府部门选派，是营利性民办高校的政治核心所在，其依法参与营利性民办高校的办学、发展战略以及重大决策，履行决策和监督职责。营利性民办高校要为党组织参与决策、开展监督提供强有力支持。监事会是营利性民办高校的重要监督机构，既要代表股东利益，又要代表师生员工利益，对董事会和以校长为首的行政团队进行监督。教职工代表大会由营利性民办高校的教师代表、教务管理人员组成，主要围绕与营利性民办高校教职工群体利益相关的一系列政策方案等进行讨论和制定，确保教职工群体在营利性民办高校中的参与权。

营利性民办高校通过构建"五位一体"的法人治理结构，可以有效优化学校内部权力结构，实现营利性民办高校内部权力规范、均衡运行，决策、执行、监督等环节既相互制约又运行有序。同时，"五位一体"的法人治理结构可以对监事会、教职工代表大会等各自的职责范围予以明确，发挥各主体在民主监督中的作用，满足营利性民办高校民主管理的切实需要。此外，"五位一体"的法人治理结构还明确了党委作为政治核心在营利性民办高校法人治理中的重要作用，这有利于发挥党委在监督营利性民办高校坚持社会主义办学方向、确保营利性民办高校的公益性等方面的作用。总之，构建"五位一体"的法人治理结构，可以促进营利性民办高校组织结构的进一步优化，捋顺各主体在营利性民办高校内部治理中的职责与关系，是对营利性民办高校法人治理的有益探索和创新。因此，营利性民办高校在章程建设中要对上述五个重要权力主体的产生方法、职责权限、工作机制、议事规则等作出更为细致的规定，明确各自的职责边界，形成治理协同效应。

二、建立权力制衡与监督机制，推动内部民主管理改革

营利性民办高校在章程制定过程中必须充分地体现出民主监督的理念，应依据国家法律法规，如《教育法》《教师法》等，在坚持"民主、公平、公正、公开"的原则下建立各利益主体权力制衡与监督机制，实现营利性民办高校民主管理改革。具体而言：第一，在章程中明确教职工作为营利性民办高校利益相关者的重要角色，赋予他们应有的民主权利和监督权利；第二，在章程中建立学生参与民主管理的制度，在尊重各利益主体地位的基础上确保学生对学校重大事项尤其是涉及学生切身利益事项的知情权，引导学生参与民主管理、民主决策，促进营利性民办高校治理结构的合理化；第三，在章程中充分地体现学术权力对行政权力的制衡，实现营利性民办高校学术权力与行政权力之间的互不兼容，真正地发挥学术权力对行政权力的制衡作用；第四，在章程中积极探索建立相应的法人治理机制，如信息披露机制、内审监督机制、风险防范机制、年度财务审计机制、关联交易决策机制等，细化相关机制的运行要求，保障营利性民办高校实现良好的法人治理。

第七章
结论、创新与展望

第一节 研究结论

本书遵循"提出问题—调查问题—分析问题成因—解决问题"的基本行文逻辑，运用产权理论、利益相关者理论、内部控制理论、外部治理理论等理论框架，采用文献研究法、问卷调查法以及比较研究法等研究方法，梳理了营利性民办高校法人治理的主要问题，并以多元视角分析了营利性民办高校法人治理问题的成因，提出了如下几点结论和解决营利性民办高校法人治理问题的具体建议。

第一，营利性与公益性之间并不冲突，并非同一范畴的矛盾，并不存在天然的对立关系。这是研究营利性民办高校法人治理需要解决的前置性问题。《国务院关于鼓励社会力量兴办教育促进民办教育健康发展的若干意见》（国发〔2016〕81号）强调"坚持教育的公益属性，无论是非营利性民办学校还是营利性民办学校都要始终把社会效益放在首位"。2016年修订的《民办教育促进法》强调政府应引导营利性民办学校坚持公益性的发展方向，从法律法规政策层面上明确了"公益性"和"营利性"并不矛盾，但公益性应该是营利性民办高校的首要价值追求。认清营利性民办高校能够在"公益性"和"营利性"之间实现价值调适与平衡统一，有利于搁置争议，促使民办高校和政府部门将更多精力着眼于思考如何完善营利性民办高校内外部治理，从而促进其健康发展。

第二，营利性民办高校法人治理主要存在四个方面问题。一是内部人控制问题较突出，无法同时兼顾不同利益相关者的利益诉求，而政府及协会等作为重要的外部力量则参与不足。二是内部授权体系不够科学，如董事会结构不完善、管理呈现家族化倾向、举办者或董事会干预校长日常履职、党组织地位作用有待加强、师生在学校治理中参与不足等。三是风险控制机制普遍缺失。营利性民办高校面临多种内外部风险，但其在风险识别、风险预警、风险干预、风险处置层面均存在机制缺失问题。四是监督机制不能有效发挥作用。实践中，许多营利性民办高校所设立的监督机构并未真正发挥作用，与其自身法人治理所需的真正监督职能存在较大差距。

第三，营利性民办高校法人治理中存在的问题是由多种因素造成的，主要包括：①举办者办学动机与多元利益诉求的冲突明显，经营权与所有权分离不足，投资者掌权过度，造成其他利益相关者的利益诉求无法得到有效满足；②在学校内部治理与政府外部监管的权衡上，政府缺乏影响营利性民办高校内部治理的实现机制，同时政府主导的外部监管体系目前所发挥的作用也非常有限，未形成对营利性民办高校举办者和办学者的有效约束；③营利性民办高校存在内部人控制的冲动，但资本市场有着严格的监管要求，尤其是在内部控制和风险管理方面，从已上市民办高教公司披露的信息来看，其在内部控制方面均存在或多或少的问题。

第四，营利性民办高校可以借鉴公司治理的成熟工具，如COSO内部控制和风险管理框架，实现利益相关者各自关心的目标，最终实现利益相关者协同治理。此外，营利性民办高校法人治理应借鉴公司治理的分权制衡理念，实现所有权和经营权、举办权和办学权的有效分离，实现决策层、执行层、监督层的相互制衡，最终实现良好的治理。

第二节 研究创新

本书的创新之处主要体现在以下三个方面。

第一，研究对象选择层面上的创新。在分类管理制度下，我国营利性民办高校法律地位得以确立，但现有研究大多以民办高校整体为研究对象，围绕营利性民办高校法人治理展开的专门研究较少。本书以营利性民办高校法人治理为研究对象，填补了国内关于营利性民办高校法人治理研究的不足。

第二，研究内容层面上的创新。本书以营利性民办高校法人治理为研究对象，对营利性民办高校法人治理问题及其成因进行了全面的分析和阐述。尤其是对分类管理涉及的新法新政进行了深度的背景分析，对相关条款背后涉及的治理逻辑进行了梳理。

第三，研究视角上的创新。本书在产权理论、利益相关者理论、外部治理理论、内部控制理论等多种理论的指导下提出营利性民办高校法人治理问题的解决路径，如明确法人治理结构的基本原则、构建外部治理制度、完善内部治理结构、构建内部控制和风险管理体系以及依托章程明确完善法人治理实现机制等，以期为国内营利性民办高校法人治理结构优化和法人治理模式创新提供参考和借鉴。

第三节 研究展望

我国民办高校在曲折中发展，呈现螺旋上升的特点。随着今后营利性民办高校的数量越来越多，营利性民办高校法人治理实践中出现的新情况、新问题也将越来越多。为此，笔者认为今后可以在以下三方面做进一步的探索。

第一，举办者在营利性民办高校法人治理中的新定位。从目前分类管理新法新政的精神来看，控制举办者的权力、约束举办者的行为、限定举办者的收益是今后的必然趋势，在这一背景下，营利性民办高校举办者如何重新定位自己在学校中的角色、权限、职责，以及政府如何在保障举办者基本权益的情况下继续调动其办学积极性，从而推动营利性民办高校健康可持续发展，值得进一步研究。

第二，强化对营利性民办高校的内外部监督将成为新趋势。就内部而言，监事会和党组织将成为监督学校治理的重要力量，这对营利性民办高校带来的新影响值得关注和研究。党组织负责人同时身兼政府督导专员，其在学校的决策、执行、监督中的作用必将得到进一步强化，国家层面也会有系列的配套政策予以保障。同时，民办学校分类管理后，监事会的建立是法律对民办高校的"规定动作"，如何真正有效发挥好营利性民办高校监事会的作用将成为一个新课题。此外，就外部而言，政府部门如何在规范和支持、约束和激励中寻找平衡点，进一步强化对营利性民办高校办学行为的监管，也值得进一步探索。

第三，内部控制和风险管理将是营利性民办高校法人治理的新重点。营利性民办高校能否把握好"公益性"和"营利性"的平衡统一还有待观察，如果举办者仍没有端正认识，将利润最大化作为核心目标，影响教育质量、学校稳定，政府部门必然会对其加强监管，特别是加强对营利性民办高校内部控制和风险管理机制的监管。因此，营利性民办高校如何建立行之有效的内部控制和风险管理体系将成为一项十分有实践意义的新课题。

参考文献

[1] 詹姆斯·N. 罗西瑙. 没有政府的治理：世界政治中的秩序与变革[M]. 张胜军,刘小林等,译. 南昌：江西人民出版社,2001.

[2] 毛寿龙,李梅. 有限政府的经济分析[M]. 上海：上海三联书店,2000：34.

[3] 俞可平. 全球治理引论[J]. 马克思主义与现实,2002(01)：20-32.

[4] 尹达. 教育治理现代化：理论依据、内涵特点及体系建构[J]. 重庆高教研究,2015(1)：5-9.

[5] 玛格丽特·M. 布莱尔. 所有权与控制：面向21世纪的公司治理探索[M]. 张荣刚,译. 北京：中国社会科学出版社,1999.

[6] GAYLE D J. Governance in the Twenty-First-Century University: Approaches to Effective Leadship and strategic Management [M]. San Francisco：Wiley Subscription Services, 2003：43.

[7] SALIPANTE P. Providing continuity in change: The role of tradition in long-term adaptation[M]. San Francisco：Jossey-Bass,1991：73-132.

[8] ROBERT B. The cnd of shared goverance: Looking ahead or looking back Matter[J]. New Direction For Higher Education, Fall,2004 (127)：12-43.

[9] ADRANMI J K. What Is More Important to Effective Govenance: relationship, Trust, and Leader-ship, or Structures and Formal Process[J]. New Direction for Higher Education, 2004 (127)：34-44.

[10] SUSAN W J. Faculty Govenance and Effective Aeademic Administrative Leadership[J]. New Direction For Higher Education, 2003 (124)：213-215.

[11] CABRIEL E K. Do Govenance Structures Matter[J]. New Direction for Higher Education, 2004 (127)：53-62.

[12] 焦笑南. 从公司治理到大学治理——从利益相关者理论得到的启示[J]. 河北企业,2011(12)：28.

[13] 张维迎. 大学的逻辑[M]. 北京：北京大学出版社,2004.

[14] 李维安,王世权. 大学治理[M]. 北京：机械工业出版社,2013.

[15] 李福华. 大学治理与大学管理[M]. 北京：人民出版社,2012.

[16] 李福华. 大学治理与大学管理：概念辨析与边界确定[J]. 北京师范大学学报(社会科学版),2008(04)：19-25.

[17] 李立国. 大学发展逻辑、组织形态与治理模式的变迁[J]. 高等教育研究,2017,38(06)：24-31.

[18] 石猛. 民办高校治理能力及其现代化[M]. 青岛：中国海洋大学出版社,2017.

[19] 别敦荣. 现代大学制度：原理与实践[M]. 青岛：中国海洋大学出版社,2018.

[20] 董圣足,王邦永. 民办高校法人治理问题研究综述[J]. 浙江树人大学学报(人文社会科学版),2007(06)：4-9.

[21] 黄琴. 民办高职教育未来发展的战略思考[J]. 湖北函授大学学报,2011,24(03)：6-7.

[22] 严晓蕾. 企业举办的民办高校法人治理结构研究[J]. 长江丛刊,2017(30)：273.

[23] 魏冰玲. 关于深化我国民办高等教育机构生存与发展对策研究[D]. 泉州：华侨大学,2012.

[24] 张娜. 民办高校法人治理存在的问题及对策研究[J]. 产业与科技论坛,2020,19(10)：287-288.

[25] 熊汉潮. 董事会领导下的校长负责制需解决的三大焦点问题[J]. 中国民办教育,2004(3)：4.

[26] 文川,莫秀全,江雪珍. 民办高校发展与法律风险控制[M]. 昆明：云南大学出版社,2018.

[27] 徐绪卿. 我国民办高校内部管理体制改革和创新研究[M]. 北京：中国社会科学出版社,2012(10).

[28] 王维坤,张德祥. 我国民办高校内部治理结构类型及演变路径[J]. 现代教育管理,2018(01)：30-35.

[29] 施文妹,周海涛. 民办高校内部治理的变革特征、基本模式和未来走向[J]. 现代教育科学,2019(01)：11-17.

[30] 张彦颖. 营利性民办高校法人治理结构研究[J]. 黄河科技学院学报,2021,23(03)：22-25.

［31］李晓科.民办高校发展现状与对策研究［M］.长春：吉林人民出版社，2018.

［32］董圣足.民办院校良治之道——我国民办高校法人治理问题研究［M］.北京：教育科学出版社，2010.

［33］陶西平，王佐书.中国民办教育发展报告（2003—2009）［M］.上海：上海人民出版社．2010.

［34］夏季亭，王蕾.民办高校构建现代大学制度的优势与挑战［J］.中国成人教育，2012(01)：20-22.

［35］张利国.民办学校产权制度研究：以分类管理为视角［M］.北京：中国民主法制出版社，2016.

［36］罗纳德·G.埃伦伯格.美国的大学治理［M］.北京：北京大学出版社，2010.

［37］金子元久，鲍威.营利性大学：背景·现状·可能性［J］.北京大学教育评论，2005(02)：17-22.

［38］查明辉．中国民办高等教育发展模式转型研究［M］.天津：南开大学出版社，2014.

［39］高晓杰.美国营利性高等教育机构进入资本市场的产权制度研究［J］.复旦教育论坛，2006(04)：64-68.

［40］鞠光宇.分类管理制度下民办高校的法人治理结构建构研究［J］.高教探索，2017(01)：88-93.

［41］吴玫.美国营利性高等教育的新危机［J］.高等教育研究，2018，39(04)：92-99.

［42］吴宜男，陈钦昱.营利性民办高校法人治理结构研究［J］.四川职业技术学院学报，2020，30(06)：7-13.

［43］高晓杰.美国营利性私立高等教育与资本市场［M］.广州：广东高等教育出版社，2008.

［44］王洪才.大学治理的四种内涵［J］.苏州大学学报（教育科学版），2015(4)：17-19.

［45］别敦荣.论我国大学治理［J］.山东高等教育，2016(2)：2.

［46］周光礼.中国高等教育治理现代化：现状、问题与对策［J］.中国高教研究，2014(09)：16-25.

［47］王洪才.大学治理的内在逻辑与模式选择［J］.高等教育研究,2012,33(09):24-29.

［48］李政辉.非营利四论［J］.西南政法大学学报,2019,21(04):84-99.

［49］魏建国.教育公益性、非营利性教育与营利性教育［J］.教育经济评论,2016,1(02):23-38.

［50］潘懋元,别敦荣,石猛.论民办高校的公益性与营利性［J］.教育研究,2013,34(03):25-34.

［51］文东茅.论民办教育公益性与可营利性的非矛盾性［J］.北京大学教育评论,2004(01):43-48.

［52］王利民,许晓岑.民办高校主体的法人属性研究——兼评《民法总则》法人分类的创新和不足［J］.人民论坛·学术前沿,2020(02):108-111.

［53］张力.民法典中法人分类的逻辑性:功用、局限及其克服［J］.安徽大学学报(哲学社会科学版),2019,43(02):93-100.

［54］余中根.《民法总则》法人分类新模式背景下民办学校分类管理的理论逻辑［J］.聊城大学学报(社会科学版),2018(04):97-102.

［55］袁利平,武星棋.民办学校营利性与非营利性分类管理的制度逻辑［J］.教育学术月刊,2018(05):54-62.

［56］董圣足.民办学校分类管理的制度构架:国际比较的视角［J］.教育发展研究,2013,33(09):14-20.

［57］何金辉.民办学校分类管理的分歧与共识［J］.教育发展研究,2010,30(10):42-47.

［58］王雪琴.教育股份制学校治理结构与机制分析［J］.大众商务:教育版(民办教育研究),2006(1):6.

［59］李维安,郝臣,崔光耀,等.公司治理研究40年:脉络与展望［J］.外国经济与管理,2019,41(12):161-185.

［60］蔡连玉,吴文婷.从公司治理到大学治理的理念移植与遮蔽误用［J］.高校教育管理,2018,12(06):37-43+73.

［61］陈娴,顾建民.大学治理与大学管理的概念辨析:西方学者的观点［J］.高教探索,2017(04):48-52+105.

［62］阚海宝.民办高校产权制度研究［D］.成都:四川大学,2006.

［63］阎凤桥.试析我国民办学校的产权形式和治理结构——基于对非营利组

织特征的分析[J]. 教育研究,2006(02):41-46.

[64] 张天阳,李丹. 论产权制度与公司治理[J]. 会计之友(上旬刊),2008(01):20-21.

[65] 李维安,王世权. 利益相关者治理理论研究脉络及其进展探析[J]. 外国经济与管理,2007(04):10-17.

[66] 刘欣雨. 分类管理体制下营利性民办高校的公益性保障机制研究[D]. 保定:河北大学,2018.

[67] 王诺斯. 营利性与非营利性民办高校分类管理研究[D]. 大连:大连理工大学,2017.

[68] 张维迎. 产权、激励与公司治理[M]. 北京:经济科学出版社,2005.

[69] 季晓南. 产权结构、公司治理与企业绩效的关系研究[D]. 北京:北京交通大学,2009.

[70] 孙占利. 国外大学企业化治理的特征及启示[J]. 中国高校科技,2015(Z1):96-97.

[71] 鞠光宇. 营利性高等教育组织办学模式研究[M]. 广州:广东教育出版社,2011.

[72] 崔世春. 论财产所有权、法人财产权和产权的关系[J]. 经济学家,1999(3):67-71.

[73] 鞠光宇. 非营利性私立高校与营利性高校的比较研究——以美国为例[J]. 高教探索,2016(4):47-53.

[74] 亨利·M.列文,何峰. 美国营利性高等教育的特征[J]. 北京大学教育评论,2005(02):5-7.

[75] 甘永涛. 美国营利性大学发展及其治理结构特征[J]. 教育发展研究,2007(24):58-62.

[76] 戴科栋. 美国营利性私立大学市场化运作研究[D]. 曲阜:曲阜师范大学,2014.

[77] 桂敏. 美国公立大学治理结构公司化趋势及其特征分析——新管理主义视角[J]. 比较教育研究,2015,37(01):66-71+96.

[78] 王文萃,徐煜. 美国营利性大学教育质量问题及奥巴马政府应对政策[J]. 湖北师范学院学报(哲学社会科学版),2015,35(04):118-123.

[79] 朱浩,陈娟. 美国营利性高等教育监管政策的历史沿革与特点分析[J]. 复

旦教育论坛,2014,12(03):91-97.

[80] 陈春梅,阙明坤. 美国营利性高校"三合一"监管的路径、问题及启示[J]. 中国高教研究,2018(9):47-52.

[81] 郭婷婷,郭媛媛. 高等教育市场化:批判的视角[J]. 中国成人教育,2017(15):29-31.

[82] 张永平. 全球化对高等教育市场化的影响[J]. 教育学术月刊,2017(07):47-53.

[83] 诸园. 澳大利亚高等教育市场化改革发展历程、影响及启示[J]. 高教探索,2012(06):40-46.

[84] 彭虹斌. 发达国家营利性高校运行的市场层次、运作逻辑与影响因素[J]. 现代教育论丛,2020(05):45-53.

[85] 戴晓霞,莫家豪,谢安邦. 高等教育市场化[M]. 北京:北京大学出版社,2004.

[86] 彭万,李鸿烨. 族群化、市场化与国际化——多视角看马来西亚高等教育的可持续性发展[J]. 宜宾学院学报,2021,21(10):86-94.

[87] 张炜. 美国营利性高校的发展变化与政策回顾[J]. 中国高教研究,2020(04):65-70.

[88] 理查德·鲁克. 高等教育公司:营利性大学的崛起[M]. 北京:北京大学出版社,2015.

[89] 王文源. 中国民办教育在理想与现实之间[M]. 北京:北京出版社. 2007.

[90] 潘奇. 混合所有制办学的理论探讨与实现策略[M]. 上海:华东师范大学出版社,2021.

[91] 董圣足,等. 从有益补充到共同发展——民办教育改革发展之路[M]. 上海:华东师范大学出版社,2018.

[92] 环建芬.《民法总则》法人分类的创新与不足——以民办学校法人归类为例[J]. 江汉大学学报(社会科学版),2018,35(01):40-46+125.

[93] 王诺斯,张德祥. 制度创新视域下民办高校分类管理的现实困境分析[J]. 中国高教研究,2017(02):14-18+23.

[94] 黄崴,李文章. 民办高校分类管理改革的"中间路线":基于举办者视角的分析[J]. 中国高教研究,2017(02):19-23.

[95] 李紫红. 营利性高等教育研究概述与展望[J]. 高教发展与评估,2011,27

(05):102-107+130.

[96] 刘建银. 民办学校分类管理的动因、目标与实现路径[J]. 国家教育行政学院学报,2011(04):49-52.

[97] 张利国. 营利性与非营利法人：民办高校法人分类的模式选择[J]. 西部法学评论,2011(02):19-24.

[98] 杨红霞. 营利性高等学校研究[D]. 上海：华东师范大学,2006.

[99] 李文章. 美国营利性私立高等教育发展的利弊分析及启示[J]. 黑龙江高教研究,2019(09):50-55.

[100] 姚遥. 公益公司：美国营利性高校发展新趋势[J]. 高等教育研究,2019,40(03):95-100.

[101] 王玲. 美国营利性高校的公益性保障机制简析[J]. 国家教育行政学院学报,2019(01):90-95.

[102] 于洋,吴涛涛,高凯寅. 营利性与非营利性民办高校分类管理研究[J]. 商业文化,2020(23):31.

[103] 方建锋. 民办学校营利性和非营利性分类管理的实证分析[J]. 教育发展研究,2011,33(24):19-22+35.

[104] 刘亮军,王一涛. 民办高校举办者变更：诱因、影响及规制[J]. 江苏高教,2021(2):71-77.

[105] 金华,王成. 经济回报、权力获得与自我实现——我国民办高校举办者办学动机探索[J]. 教育发展研究,2016(21):64-69.

[106] 周海涛,郑淑超,景安磊. 民办高校上市的历程、影响及对策[J]. 中国高教研究,2021(07):70-76.

[107] 鞠光宇. 营利性民办高校的立法构想[J]. 中国教育法制评论,2009(00):202-215.

[108] 巫志刚. 我国营利性高等教育机构基本法律制度研究[D]. 武汉：华中师范大学,2013.

[109] 刘爽. 民办高校法人治理结构研究[D]. 长春：吉林大学,2020.

[110] 刘德坤,富东博. 分类管理背景下民办高校资本营利性与教学质量分析[J]. 中国市场,2020(09):98-99.

[111] 于洋,吴涛涛,高凯寅. 营利性与非营利性民办高校分类管理研究[J]. 商业文化,2020(23):31.

[112] 李清刚. 论营利性民办高职院校的内部治理机制[J]. 教育导刊,2020(02):25-30.

[113] 孙永尧. 大内部控制观研究[J]. 财会月刊,2021(13):95-103.

[114] 梁洪学. 公司控制权配置的演进、变革及启示——基于英美模式与德日模式的比较视角[J]. 经济研究参考,2021(08):115-127.

[115] 魏芳兵. 民办高校法人治理结构存在的问题及对策研究[D]. 湘潭:湘潭大学,2017.

[116] 董圣足. 我国民办高校法人治理问题研究[D]. 上海:华东师范大学,2010.

[117] 明航. 民办大学办学模式——产权配置与治理机制研究[M]. 北京:教育科学出版社,2008.

[118] 王义宁. 非营利性与营利性民办高校法人治理结构比较[J]. 浙江树人大学学报(人文社会科学),2018,18(06):1-6.

[119] 刘学民. 分类管理背景下我国营利性民办高校的风险防控研究[D]. 北京:中国社会科学院研究生院,2020.

[120] 王维坤,张德祥. 我国民办高校章程文本表达现状研究——基于105所民办本科高校章程的文本分析[J]. 中国高教研究,2017(07):43-48.

[121] 王义宁. 民办高校与公办高校法人治理结构的比较[J]. 高教探索,2014(01):53-57.

[122] 李永亮. 高等学校内部治理结构优化研究[M]. 北京:经济管理出版社,2017.

[123] 王宁. 私立大学董事会制度研究[M]. 南京:东南大学出版社,2015.

[124] 彭宇文. 中国高校法人治理结构研究[M]. 北京:中国社会科学出版社,2006.

[125] 黄勇升. 民办高校法人治理结构的反思与重构[J]. 江苏高教,2021(02):64-70.

[126] 李清刚. 论营利性民办高职院校的内部治理机制[J]. 教育导刊,2020(02):25-30.

[127] 齐英程. "分类管理"背景下营利性民办学校的治理结构设计[J]. 中国教育学刊,2019(07):14-18.

[128] 黄小灵. 新民促法背景下我国营利性高校的发展研究:制度环境、可行性

及国际经验[J]. 现代教育科学,2018(12):116-120.

[129] 朱爱琴,范舟游. 高等学校自我约束机制的思考[J]. 华东交通大学学报,2007(S1):7-9.

[130] 李红勋. 构建我国民办高校利益相关者治理模式[D]. 郑州:郑州大学,2007.

[131] 王彬. 论民办学校产权结构治理[D]. 上海:华东师范大学,2004.

[132] 黄勇升. 民办高校法人治理结构的反思与重构[J]. 江苏高教,2021(02):64-70.

[133] 王真. 浅析营利性民办高校法人治理结构的构建[J]. 中国经贸导刊(中),2019(06):93-94.

[134] 荣振华,刘怡琳. 民办高校分类管理视阈下法人治理结构的异化引导[J]. 现代教育管理,2015(05):118-122.

[135] 石猛. 民办高校董事会制度的治理价值及其实现[J]. 复旦教育论坛,2019,17(02):15-20.

[136] 惠向红. 论我国营利性民办院校监事制度的法律构建[J]. 新西部,2019(23):112+134.

[137] 余苏,余媛姗. 营利性民办学校章程的特殊性及起草建议[J]. 浙江树人大学学报(人文社会科学),2019,19(04):14-20.

[138] 刘星颖. 民办高校内部治理结构优化研究[D]. 成都:四川师范大学,2017.

[139] 周绍进. 民办高校法人治理结构研究[D]. 长春:东北师范大学,2016.

[140] 樊德平. 民办高校外部治理结构探析[D]. 南京:东南大学,2016.

附录 1

关于营利性民办高校法人治理问题的调查问卷

您好：

为了解营利性民办高校法人治理状况及存在的问题，本研究根据实际需要设计了一套综合问卷，为论题研究提供参考。调查问卷采用匿名调查的方式，请您根据所在学校的实际情况回答，在对应选项处打钩，在对应横线上填写您的答案。衷心感谢您对本次问卷调查活动的支持与合作。

1. 您在营利性民办高校中的身份或担任的职务是？[单选题]

□ 校级管理者

□ 中层管理者

□ 普通行政

□ 普通教师

□ 在校学生

2. 您已经在营利性民办高校的工作年限为？[单选题]（学生跳过此问题）

□ 1年以内

□ 1—3年

□ 3—5年

□ 5年以上

3. 您所在学校的法人类型为？[单选题]

□ 营利性法人

□ 非营利性法人

□ 未确定

□ 不清楚

4. 在您所属的营利性民办高校中法人治理主体包括哪些?
［多选题］

□ 董事会（理事会）

□ 校长（含业务校长）

□ 党委组织

□ 监事会

□ 学术委员会

□ 教师职工代表大会

□ 学生代表大会

□ 基金会

□ 其他

5. 您认为您所属的营利性民办高校法人治理主体应当包括哪些?［多选题］

□ 董事会（理事会）

□ 校长（含业务校长）

□ 党委组织

□ 监事会

□ 学术委员会

□ 教师职工代表大会

□ 学生代表大会

□ 基金会

□ 其他

6. 您所在的学校中行使决策权的主体包括哪些?［多选题］

□ 董事会（理事会）

□ 校长（含业务校长）

□ 党委组织

□ 监事会

□ 学术委员会

- [ ] 教师职工代表大会
- [ ] 学生代表大会
- [ ] 基金会
- [ ] 其他

7. 您所在的学校中行使行政权的主体包括哪些？[多选题]

- [ ] 董事会（理事会）
- [ ] 校长（含业务校长）
- [ ] 党委组织
- [ ] 监事会
- [ ] 学术委员会
- [ ] 教师职工代表大会
- [ ] 学生代表大会
- [ ] 基金会
- [ ] 其他

8. 您所在的学校中行使监督权的主体包括哪些？[多选题]

- [ ] 董事会（理事会）
- [ ] 校长（含业务校长）
- [ ] 党委组织
- [ ] 监事会
- [ ] 学术委员会
- [ ] 教师职工代表大会
- [ ] 学生代表大会
- [ ] 基金会
- [ ] 其他

9. 您所在的学校中行使学术权的主体包括哪些？[多选题]

- [ ] 董事会（理事会）
- [ ] 校长（含业务校长）
- [ ] 党委组织

□ 监事会
□ 学术委员会
□ 教师职工代表大会
□ 学生代表大会
□ 基金会
□ 其他

10. 请对您所在学校治理结构中利益相关者主体的权力情况进行排序。[请在中括号内按权力大小依次填入数字]

[ ] 举办者
[ ] 董事会
[ ] 校长
[ ] 党组织
[ ] 教师
[ ] 学生

11. 您认为学校治理中党组织的参与程度如何？[单选题]

□ 参与较多
□ 参与较少
□ 不清楚

12. 您认为学校相关信息的公示度如何？[单选题]

□ 非常高
□ 较高
□ 较低
□ 非常低
□ 不公开

13. 以下是关于本校董事会、举办者、校长之间关系的说法，请勾选您认同的选项。[多选题]

□ 学校举办者经常关注校内教育工作
□ 董事长兼任了学校校长

□ 举办者决定学校的各项重大事项
　　□ 学校由校长领导并决定一切事务
　　□ 董事会制定了章程，对校长、举办者等的责任予以明确规定

14. 您所在学校的董事会与校长之间的权限是否清晰？［单选题］
　　□ 责权界限清晰，分工明确
　　□ 董事会决策权与校长行政权之间的界限模糊
　　□ 不清楚

15. 您所在学校的董事会成员包括哪些？［多选题］
　　□ 投资方
　　□ 校长
　　□ 教职工
　　□ 党组织负责人
　　□ 不清楚

16. 您所在学校的董事会成员数量是？［单选题］
　　□ 1～4人
　　□ 5～11人
　　□ 11～21人
　　□ 不清楚

17. 您所在学校董事会召开会议的频率是？［单选题］
　　□ 一年召开一次
　　□ 一学期召开一次
　　□ 一个月召开一次
　　□ 不太清楚

18. 您所在学校是否设置有行使监督权的机构，例如监事会等？［单选题］
　　□ 是

□ 否

□ 不清楚

19. 您所在学校的监事会主席是兼职还是专职?［单选题］

□ 兼职

□ 专职

□ 不清楚

20. 您所在学校的董事会与监事会两大机构之间是何种关系?［单选题］

□ 平行关系

□ 上下级关系

□ 内设关系

□ 不清楚

21. 您所在学校的监事会成员由谁任命?［单选题］

□ 董事会

□ 其他机构或个人

□ 不清楚

22. 您所在学校监事会的人数是?［单选题］

□ 0

□ 1～3 人

□ 4～7 人

□ 大于 7 人

23. 您所在学校的教职工通过教代会参与民主监督的程度如何?［单选题］

□ 强

□ 中

□ 弱

24. 您所在学校的工会在维护教职工权益方面的作用如何?［单选题］（仅教职工、学生回答）

□ 强

□ 中

□ 弱

25. 您对学校教职工代表大会的了解程度如何？［单选题］（仅教职工、学生回答）

□ 非常熟悉

□ 熟悉

□ 基本熟悉

□ 不熟悉

□ 完全不熟悉

26. 您所在学校的教代会参与内部治理的内容包括？［多选题］（仅教职工回答）

□ 制定学校建设、发展规划

□ 职工薪酬福利议题

□ 人事管理议题

□ 党建工作与思政工作议题

□ 文化活动议题

27. 您所在学校的学生代表参与学校治理活动的内容包括？［多选题］（仅学生回答）

□ 制定学校建设、发展规划

□ 职工薪酬福利议题

□ 人事管理议题

□ 党建工作与思政工作议题

□ 文化活动议题

28. 您所在学校对学生参与活动的支持力度如何？［单选题］（仅学生回答）

□ 非常高

□ 较高

□ 较低

□ 非常低

□ 不支持

29. 您所在学校对教师参与活动的支持力度如何？[单选题]（仅教职工回答）

□ 非常高

□ 较高

□ 较低

□ 非常低

□ 不支持

30. 您是否愿意参与学校的内部治理，促进学校的健康持续发展？为什么？[选择并填空]

□ 愿意

□ 不愿意

原因：_____

31. 您认为现阶段贵校在运行、发展过程中面临的主要风险有哪些？[多选题]

□ 政策风险

□ 财务风险

□ 生源风险

□ 就业市场风险

□ 同行竞争风险

□ 管理决策风险

□ 教育质量风险

□ 其他风险

32. 您所在学校的风险防控保障机制是否健全？[单选题]

□ 健全

□ 比较健全

□ 不清楚

33. 您认为营利性民办高校内部治理机制还存在哪些问题?

[多选题]

□ 党组织地位作用不强

□ 董事会结构不健全、不完善

□ 营利性民办高校管理中存在家族化倾向

□ 教师在内部治理中的参与度较低

□ 学生在内部治理中的参与度较低

□ 其他问题

附录 2

民办高校境内外上市情况概览

（截至 2022 年年底）

序号	集团名称	上市日期	股票类型	股票代码	集团所含高校数量	学校名称	合并报表情况	学校地理位置	办学层次
1	陕西金叶	1998年6月23日	A股	000812	1	西安明德理工学院	已合并报表	陕西省西安市	本科
2	昂立教育	1993年6月14日	A股	002649	1	嘉兴南洋职业技术学院	未合并报表	浙江省嘉兴市	专科
3	三一重工	2003年7月3日	A股	600031	1	湖南三一工业职业技术学院	未合并报表	湖南省长沙市	专科
4	罗牛山	1997年6月11日	A股	000735	1	海南职业技术学院	已合并报表	海南省海口市	专科
5	科大讯飞	2008年5月12日	A股	002230	1	安徽信息工程学院	已合并报表	安徽省芜湖市	本科
6	国脉科技	2006年12月15日	A股	002093	1	福州理工学院	已合并报表	福建省福州市	本科
7	中教控股	2017年12月15日	港股	00839	8	江西科技学院	已合并报表	江西省南昌市	本科
8						广东白云学院	已合并报表	广东省广州市	本科
9						海口经济学院	已合并报表	海南省海口市	本科
10						重庆外语外事学院	已合并报表	重庆市	本科
11						广州应用科技学院	已合并报表	广东省广州市	本科
12						广州松田职业学院	已合并报表	广东省广州市	专科
13						烟台科技学院	已合并报表	山东省蓬莱市	本科
14						成都锦城学院	已合并报表	四川省成都市	本科

附录2 民办高校境内外上市情况概览

(续表)

序号	集团名称	上市日期	股票类型	股票代码	集团所含高校数量	学校名称	合并报表情况	学校地理位置	办学层次
15	新高教集团	2017年4月19日	港股	02001	8	云南工商学院	已合并报表	云南省昆明市	本科
16						贵州工商职业学院	已合并报表	贵州省贵阳市	专科
17						湖北恩施学院	已合并报表	湖北省恩施市	本科
18						哈尔滨华德学院	已合并报表	黑龙江省哈尔滨市	本科
19						兰州信息科技学院	已合并报表	甘肃省兰州市	本科
20						广西英华国际职业学院	已合并报表	广东省广州市	专科
21						洛阳科技职业学院	已合并报表	河南省洛阳市	专科
22						郑州城市职业学院	已合并报表	河南省郑州市	专科
23	民生教育	2017年3月22日	港股	01569	7	重庆人文科技学院	已合并报表	重庆市	本科
24						云南大学滇池学院	已合并报表	云南省昆明市	本科
25						重庆工商大学派斯学院	已合并报表	重庆市	本科
26						曲阜远东职业技术学院	已合并报表	山东省曲阜市	专科
27						重庆应用技术职业学院	已合并报表	重庆市	专科
28						内蒙古丰州职业学院	已合并报表	内蒙古呼和浩特	专科
29						重庆电信职业学院	已合并报表	重庆市	专科

(续表)

序号	集团名称	上市日期	股票类型	股票代码	集团所含高校数量	学校名称	合并报表情况	学校地理位置	办学层次
30	宇华教育	2017年2月28日	港股	06169	3	郑州工商学院	已合并报表	河南省郑州市	本科
31						山东英才学院	已合并报表	山东省济南市	本科
32						湖南涉外经济学院	已合并报表	湖南省长沙市	本科
33	成实外教育	2016年1月15日	港股	01565	1	四川外国语大学成都学院	已合并报表	四川省成都市	本科
34	中国新华教育	2017年11月1日	港股	02779	3	安徽新华学院	已合并报表	安徽省合肥市	本科
35						安徽医科大学临床医学院	已合并报表	安徽省合肥市	本科
36						南京财经大学红山学院	已合并报表	江苏省南京市	本科
37	希望教育	2018年8月3日	港股	01765	17	西南交通大学希望学院	已合并报表	四川省成都市	本科
38						贵州大学科技学院	已合并报表	贵州省贵阳市	本科
39						贵州财经大学商务学院	已合并报表	贵州省贵阳市	本科
40						银川能源学院	已合并报表	宁夏银川市	本科
41						山西医科大学晋祠学院	已合并报表	山西省太原市	本科
42						内蒙古大学创业学院	已合并报表	内蒙古呼和浩特市	本科
43						四川天一学院	已合并报表	四川省成都市	专科

附录2 民办高校境内外上市情况概览

(续表)

序号	集团名称	上市日期	股票类型	股票代码	集团所含高校数量	学校名称	合并报表情况	学校地理位置	办学层次
44	希望教育	2018年8月3日	港股	01765	17	四川希望汽车职业学院	已合并报表	四川省资阳市	专科
45						四川文化传媒职业学院	已合并报表	四川省成都市	专科
46						贵州应用技术职业技术职业学院	已合并报表	贵州省黔南布依族苗族自治州	专科
47						四川托普信息技术职业学院	已合并报表	四川省成都市	专科
48						鹤壁汽车工程职业学院	已合并报表	四川省资阳市	专科
49						苏州托普信息职业技术学院	已合并报表	河南省鹤壁市	专科
50						南昌影视传播职业技术学院	已合并报表	江西省南昌市	专科
51						邢台应用职业技术学院	已合并报表	河北省邢台市	专科
52						白银希望职业技术学院	已合并报表	甘肃省白银市	专科
53						金肯职业技术学院	已合并报表	江苏省苏州市	专科
54	华立大学集团	2017年12月28日	港股	01756	2	广州华立学院	已合并报表	广东省广州市	本科
55						广州华立科技职业学院	已合并报表	广东省广州市	专科
56	21世纪教育	2018年5月29日	港股	01598	2	石家庄铁道大学四方学院	已合并报表	河北省石家庄市	本科
57						石家庄理工职业学院	已合并报表	河北省石家庄市	专科

（续表）

序号	集团名称	上市日期	股票类型	股票代码	集团所含高校数量	学校名称	合并报表情况	学校地理位置	办学层次
58	中国春来	2018年9月13日	港股	01969	5	商丘学院	已合并报表	河南省商丘市	本科
59						安阳学院	已合并报表	河南省安阳市	本科
60						苏州科技大学天平学院	已合并报表	江苏省苏州市	本科
61						荆州学院	已合并报表	湖北省荆州市	本科
62						湖北健康职业学院	已合并报表	湖北省荆州市	本科
63	中国科培	2018年5月5日	港股	01890	4	广东理工学院	已合并报表	广东省肇庆市	本科
64						淮北理工学院	已合并报表	广东省肇庆市	本科
65						哈尔滨石油学院	已合并报表	黑龙江哈尔滨市	本科
66						马鞍山学院	待合并报表	安徽省马鞍山市	本科
67	银杏教育	2018年6月19日	港股	01851	1	成都银杏酒店管理学院	已合并报表	四川省成都市	本科
68	辰林教育	2019年12月15日	港股	01593	2	江西应用科技学院	已合并报表	江西省南昌市	本科
69						贵州工贸职业学院	已合并报表	贵州省毕节市	专科
70	中汇集团	2019年7月16日	港股	00382	3	广州华商学院	已合并报表	广东省广州市	本科
71						广州华商职业学院	已合并报表	广东省广州市	专科
72						四川城市职业学院	已合并报表	四川省成都市	专科

附录2 民办高校境内外上市情况概览

（续表）

序号	集团名称	上市日期	股票类型	股票代码	集团所含高校数量	学校名称	合并报表情况	学校地理位置	办学层次
73	建桥教育	2020年1月16日	港股	01525	1	上海建桥学院	已合并报表	上海市	本科
74	华夏视听教育	2020年7月15日	港股	01981	1	南京传媒学院	已合并报表	江苏省南京市	本科
75	立德教育	2020年8月6日	港股	01449	2	黑龙江工商学院	已合并报表	黑龙江省哈尔滨市	本科
76						齐齐哈尔工程学院	待合并报表	黑龙江省哈尔滨市	专科
77						大连东软信息学院	已合并报表	辽宁省大连市	本科
78	东软教育	2020年9月29日	港股	09616	3	成都东软学院	已合并报表	四川省成都市	专科
79						广东东软学院	已合并报表	广东省佛山市	本科
80	中国通才教育	2021年7月16日	港股	02175	1	山西工商学院	已合并报表	山西省太原市	本科
81	华南职业教育	2021年7月13日	港股	06913	1	岭南职业技术学院	已合并报表	广东省广州市	专科
82	嘉宏教育	2019年6月18日	港股	01935	2	郑州经贸学院	已合并报表	广东省广州市	专科
83						浙江长征职业技术学院	已合并报表	广东省广州市	专科

附录 3

中共中央办公厅印发《关于加强民办学校党的建设工作的意见（试行）》的通知

（中办发〔2016〕78号）

各省、自治区、直辖市党委，中央各部委，国家机关各部委党组（党委），解放军各大单位、中央军委机关各部门党委，各人民团体党组：

《关于加强民办学校党的建设工作的意见（试行）》已经党中央同意，现印发给你们，请结合实际认真贯彻落实。

民办学校是社会主义教育事业的重要组成部分，承担着培养社会主义建设者和接班人的重任。各级党委（党组）要充分认识做好民办学校党建工作的重要性紧迫性，按照全面从严治党要求，加强党对民办学校的领导，加强社会主义核心价值观培育，确保学校按照党的要求办学立校、教书育人。要加大民办学校党组织组建力度，理顺党组织隶属关系，健全党组织参与决策和监督机制，充分发挥党组织政治核心作用。要选好管好民办学校党组织书记，从严做好发展党员和党员教育管理工作，提高党性觉悟和素质能力，充分发挥广大党员先锋模范作用。要抓好思想政治教育和德育工作，巩固民办学校思想文化和意识形态阵地。要将民办学校党的建设纳入基层党建述职评议考核重要内容，强化指导督促和基础保障，不断提高民办学校党建工作整体水平。

贯彻落实中的重要情况和建议，请及时报告党中央。

中共中央办公厅
2016 年 12 月 29 日

关于加强民办学校党的建设工作的意见（试行）

为落实全面从严治党要求，切实加强党对民办学校的领导，根据党章和有关法律法规，现就加强民办学校党的建设工作提出如下意见。

一、加强民办学校党建工作的重要性紧迫性

改革开放以来，我国民办高校、民办中小学校（含民办中等职业学校，下同）和民办培训机构等各类民办学校快速发展，有效满足了人民群众多层次、多样化教育需求，为推动教育现代化、促进经济社会发展作出了积极贡献。民办学校作为社会主义教育事业的重要组成部分，同样承担着培养社会主义建设者和接班人的重任。加强民办学校党的建设，对于全面贯彻党的教育方针、坚持社会主义办学方向、落实立德树人根本任务，具有重要意义。

为促进民办教育发展，各级党委和有关部门按照中央要求，切实加强民办学校党建工作，建立健全党的组织，不断扩大党的工作覆盖，选配党组织书记，壮大党建工作力量，积极探索党组织发挥作用有效途径，取得明显成效。但也应当看到，民办学校党建工作仍然面临一些新情况新问题新挑战，党组织覆盖率比较低，隶属关系不顺畅，党组织书记队伍还不强，党员教育管理比较松散，党组织保证监督作用发挥不到位，思想政治工作薄弱，等等。解决这些问题，迫切需要按照全面从严治党要求，坚持和加强党的领导，充分发挥民办学校党组织战斗堡垒作用和党员先锋模范作用，确保民办学校按照党的要求办学立校、教书育人，把培养和践行社会主义核心价值观贯穿学校教育全过程，引导师生树立正确的世界观、人生观、价值观，努力在办好民办学校中

加强党的建设,通过加强党的建设保障民办学校健康发展。

二、充分发挥民办学校党组织政治核心作用

民办学校党组织是党在民办学校中的战斗堡垒,发挥政治核心作用。主要体现在:(1)保证政治方向。宣传执行党的理论和路线方针政策,宣传执行党中央、上级党组织和本组织的决议,引导学校全面贯彻党的教育方针,依法办学、规范办学、诚信办学,坚决反对否定和削弱党的领导,反对西方所谓"普世价值"等错误思潮传播,反对各种腐朽价值观念。(2)凝聚师生员工。把思想政治工作贯穿学校工作各方面,贯穿教育教学全过程,密切联系、热忱服务师生员工,关心和维护他们的正当权益,统一思想、凝聚人心、化解矛盾、增进感情,激发教职工主人翁意识和工作热情。(3)推动学校发展。支持学校董(理)事会和校长依法依章行使职权,开展工作,参与学校改革发展稳定和事关师生员工切身利益的重大事项决策,帮助学校健全章程和各项管理制度,促进学校提高教育质量、培养合格人才。(4)引领校园文化。坚持用社会主义核心价值观塑造校园文化,加强社会公德、职业道德、家庭美德、个人品德教育,开展精神文明创建活动,组织丰富多彩的文化活动,推动形成良好校风教风学风。(5)参与人事管理和服务。参与学校各类人才选拔、培养和管理工作,在教职工考评、职称评聘等方面提出意见建议,主动联系,关心关爱,调动他们的积极性和创造性。(6)加强自身建设,完善组织设置和工作机制,加强党组织班子成员和党务干部管理,做好发展党员和党员教育管理服务工作,严格组织生活制度,认真贯彻民主集中制,强化党组织日常监督和党员民主监督,抓好党风廉政建设。领导学校工会、共青团等群团组织和教职工大会(代表大会),做好统一战线工作。

要从不同类型民办学校实际出发,找准党组织开展工作,发

挥作用的着力点。民办高校党组织要突出坚持马克思主义指导地位，把握党对意识形态工作的领导权、管理权、话语权，加强对青年教师，党外知识分子和大学生的思想引导，促使他们增强政治认同，增强政治敏锐性和政治鉴别力，坚定中国特色社会主义道路自信、理论自信、制度自信，文化自信，民办中小学校党组织要突出学生良好思想品德养成，推动学校把爱党、爱祖国、爱社会主义教育贯穿各项工作中，抓细抓小抓实，使之在学生心中生根发芽，为培养德智体美全面发展的社会主义建设者和接班人奠定基础。民办培训机构党组织要突出诚信守法，引导培训机构端正培训思想，严格内部管理，规范招生，收费等行为，防止培训造假及以不正当手段谋取非法利益，切实提高培训质量和社会效益。

三、推进党的组织和党的工作有效覆盖

加大民办学校党组织组建力度，实现党组织和党的工作全面覆盖，做到哪里有党员、哪里就有党组织、哪里就有党组织和党员作用的充分发挥。

坚持应建必建。凡有3名以上正式党员的民办学校，都要按照党章规定建立党组织，并按期进行换届，党员人数不足3名的，可采取联合组建、挂靠组建、派入党员教师单独组建等形式建立党组织。暂不具备建立党组织条件的，要通过选派党建工作指导员、联络员或建立工会、共青团组织等途径开展党的工作，条件成熟时及时建立党组织。批准设立民办学校，要坚持党的建设同步谋划、党的组织同步设置、党的工作同步开展，变更、撤并或注销民办学校，上级党组织应及时对民办学校党组织的变更或撤销作出决定。

理顺民办学校党组织隶属关系。实行主管部门管理与属地管理相结合，以主管部门党组织管理为主，学校所在地党组织要积

极配合、主动做好指导和管理工作。民办高校党组织关系一般隶属于省（自治区、直辖市）、市（地、州、盟）党委教育工作部门或教育行政部门党组织。民办中小学校党组织关系一般隶属于县（市、区、旗）党委教育工作部门或教育行政部门党组织。民办培训机构党组织关系一般隶属于县（市、区、旗）教育行政部门、人力资源社会保障部门党组织或社会组织党工委。办学规模大、党员人数多、有一定社会影响的民办中小学校、民办培训机构党组织，也可由市（地、州、盟）党委教育工作部门或教育行政部门、人力资源社会保障部门党组织直接管理。有特殊情况的，党组织隶属关系由党委教育工作部门或教育行政部门、人力资源社会保障部门党组织，商同级党委组织部门确定。

四、选好管好民办学校党组织书记

把党组织书记队伍建设作为抓好民办学校党建工作的重中之重，加强选拔培养、教育培训和管理监督，努力提高整体素质和履职能力。

明确选配标准。坚持把政治标准放在首位，按照政治素质过硬、熟悉党建工作，懂教育善管理、有奉献精神的要求，选优配强民办学校党组织书记。坚持信念坚定、为民服务、勤政务实、敢于担当、清正廉洁的好干部标准，突出讲政治的教育家要求，选配好民办高校党组织书记，注重选拔党性观念强，专业素质强的"双强型"民办中小学校党组织书记。

推行向民办高校选派党组织书记。根据实际情况，按照党组织隶属关系，分别由归口管理的党委组织、教育工作部门或教育行政部门党组织具体负责。可从教育行政部门和公办学校在职或退休的党员干部中选派，也可从其他机关和企事业单位熟悉教育工作的党员干部中选派，按党内有关规定任职，一般兼任政府督导专员。派驻党组织书记，全职在民办高校工作，其行政关系不变,报酬待遇由原单位或选派单位负责,除必要工作经费外,不得在学校获取薪酬和其他额外利益。

拓宽民办中小学校党组织书记选配渠道。民办中小学校党组织书记一般从学校管理层中产生,符合条件的董(理)事长、校长,报经上级党组织同意,可担任学校党组织书记。学校内部没有合适人选的,可由上级党组织选派。办学规模大、党员人数多,出资人或校长担任党组织书记的民办中小学校,应配备专职副书记。

抓好党组织书记培训和管理。将民办学校党组织书记培训纳入基层党务干部教育培训总体规划,民办高校党组织书记由省、市级党委组织、教育工作部门负责培训,民办中小学校党组织书记由市、县级党委组织、教育工作部门或教育行政部门负责培训,民办培训机构党组织书记由县级教育行政部门、人力资源社会保障部门或社会组织党工委负责培训。每名党组织书记每年至少参加1次集中培训。强化党组织书记考核,落实述职述廉、民主评议、诫勉谈话等制度,对工作认真负责、成绩突出的,要予以表彰奖励;对履职不到位、工作不负责任的,要及时批评教育,必要时按有关规定进行调整。

五、建立健全党组织参与决策和监督机制

坚持党的领导与依法治校有机统一,推动民办学校把党组织建设有关内容纳入学校章程,明确党组织在学校法人治理结构中的地位,保证党组织在重大事项决策、监督、执行各环节有效发挥作用。

推进党组织班子成员进入学校决策层和管理层。民办学校党组织书记应通过法定程序进入学校董(理)事会,办学规模大、党员人数多的学校,符合条件的专职副书记也可进入董(理)事会。党组织班子成员应按照学校章程进入行政管理层,党员校

长、副校长等行政领导班子成员，可按照党内有关规定进入党组织班子。

健全党组织参与决策和监督制度。涉及民办学校发展规划、重要改革、人事安排等重大事项，党组织要参与讨论研究，董（理）事会在作出决定前，要征得党组织同意；涉及党的建设、思想政治工作和德育工作的事项，要由党组织研究决定。建立健全党组织与学校董（理）事会、监事会日常沟通协商制度，以及党组织与行政领导班子联席会议制度；强化党组织对学校重要决策实施的监督，定期组织党员、教职工代表等听取校长工作报告以及学校重大事项情况通报。

六、做好发展党员和党员教育管理工作

以增强党性、提高素质为重点，加强和改进民办学校党员队伍建设，激发党员保持先进性内在动力，增强党员队伍生机活力。

规范党员组织关系管理。民办学校党组织要从聘用环节开始全面掌握教职工党员身份，定期排查党员组织关系，纳入有效管理，纠正和防止"口袋党员""隐形党员"现象发生。在学校从事专职工作半年以上的党员，一般应转入组织关系；暂时不能转入的，实行组织关系一方隶属、参加多重组织生活。新调入的教职工党员，要督促其尽快转移组织关系。认真落实高校毕业生党员组织关系管理工作有关要求，加强民办高校毕业生党员组织关系管理，防止一转了之甚至推出不管。

严格党的组织生活，坚持"三会一课"制度，增强党员主体意识和党性观念，党组织书记每年至少讲1次党课，开好学校党员领导干部民主生活会和支部组织生活会，认真开展批评和自我批评，进行党员党性分析和民主评议，按照党章和党内有关规定，严肃处置不合格党员。

做好发展党员工作。适当增加民办学校发展党员数量，重视发展大学生和青年教师入党。加强入党积极分子教育培养，注重把教学科研管理骨干培养成党员，把优秀党员教师培养成学科带头人。建立健全相关制度，提高发展党员质量。注意培养和吸收符合条件的民办学校出资人入党。

从严教育管理党员，组织党员认真学习党的理论和路线方针政策，学习中国特色社会主义理论体系，学习习近平总书记系列重要讲话精神和治国理政新理念新思想新战略，学习党章党规，引导党员坚定理想信念，提高政治觉悟，自觉践行"三严三实"要求，严格守纪律讲规矩。针对教职工党员兼职人员多、退休人员多、青年教师多、流动性强等实际，采取学习培训、专题辅导、结对帮扶、谈心交流等方式，帮助教职工党员提高素质，解决思想困惑和实际困难。设立党员教学管理服务示范岗，推行党员承诺制和党员星级管理，引导他们充分发挥在教书育人中的示范带动作用。

七、抓好思想政治教育和德育工作

领导思想政治教育和德育工作，是民办学校党组织的首要政治责任。民办学校党组织要认真履责，加强分析研判，研究解决重要问题，巩固学校思想文化和意识形态阵地。

推动中国特色社会主义理论体系进课堂、进头脑。督促民办学校加强教材、教师、教学体系建设，按有关课程标准，优选经依法审定的思想政治课和德育课教材，保证足够的教学时间。实施思想政治课"名师工程"，安排政治强、业务精、作风好、综合素质高的教师授课。党组织书记要带头讲形势政策课，回答好师生关心的热点难点问题。民族地区和边疆地区的民办学校，还要加强马克思主义祖国观、民族观、守教观和民族团结进步教育教学。要把思想政治教育融入学生学习生活各环节，抓好学校教室、寝室和网络等思想文化阵地建设与管理，促进全员全过程全方位育人。

重视师德师风建设。将思想政治要求纳入教师日常管理，坚持学术研究无禁区、课堂讲授有纪律，引导教师恪守职业道德，自觉为人师表。定期评估学校师德师风情况，对爱岗敬业、师德表现突出的，要表扬表彰；对师德表现不佳的，要劝诫整改；对师德失范、不适合继续从事教育教学工作的，要提出调整岗位或调离学校的建议。对个别散布错误言论的教师，党组织要敢抓敢管。

加强思想政治工作者队伍建设。上级党委和有关部门要推动民办学校设立思想政治教育和德育工作机构，配齐配强辅导员、班主任、思想政治课教师等工作力量，思想政治课教师的平均收入，应不低于学校其他专业教师平均水平。推进民办高校辅导员专业化职业化，打通职业发展和专业晋升通道，激发他们的工作积极性。

八、加强对民办学校党建工作的领导

落实民办学校党建工作责任制。各级党委要切实履行主体责任，把民办学校党建工作作为基层党建重要任务。纳入基层党建工作述职评议考核内容，定期听取专题汇报，帮助解决困难和问题。党委组织部门要加强统筹协商和宏观指导，牵头研究制定民办学校党建工作具体措施；党委教育工作部门和教育行政部门要负起直接责任，强化指导和督促，推动党的建设各项政策措施落实到位。机构编制、民政、人力资源社会保障、工商及其他有关部门要结合各自职能，协同做好工作。对履行党建责任不力，民办学校党的意识形态工作长期薄弱的，要严肃问责。

充实党务工作力量。民办高校要按有关规定健全党务工作部门，明确相应力量从事党的组织、宣传、纪检等方面工作；学校专职党务工作人员配备,应根据实际需要保持一定数量。民办中小学校也要保证党建工作有人管、有人抓。民办学校兼职从事党务工作的人员,应计算工作量。

完善经费保障机制。民办学校要将党组织活动经费列入年度经费预算,保证必要支出。学校党员交纳党费可全额返还。拓宽经费来源渠道,有条件的,地方财政可给予一定支持。发挥公办学校党建工作优势,通过区域共建、中心校带动等方式,与民办学校组织联建、资源共享。

加强分类指导和督促检查。要结合各类民办学校实际,引导党组织围绕学校发展、贴近师生需求开展党的活动,增强党建工作的针对性、实效性,防止"两张皮"。要把党建工作情况作为民办学校注册登记、年检年审、评估考核、管理监督的必备条件和必查内容。做好民办学校出资人思想工作,促使他们主动支持党建工作。对不重视不支持党建工作的,要教育引导、督促整改;对办学出现严重问题的,要依法依规扣减招生计划,直至撤销办学资格。

要高度重视民办幼儿园党的建设,根据学前教育特点和幼儿教育实际,落实民办学校党建工作有关要求,确保党的组织和党的工作有效覆盖。

附录 4

教育部等五部门关于印发《民办学校分类登记实施细则》的通知

(教发〔2016〕19号)

各省、自治区、直辖市教育厅（教委）、人力资源社会保障厅（局）、民政厅（局）、编办、工商行政管理局：

2016年11月7日，全国人民代表大会常务委员会通过了《全国人民代表大会常务委员会关于修改〈中华人民共和国民办教育促进法〉的决定》，规定对民办学校实行非营利性和营利性分类管理，并以国家主席习近平签署的中华人民共和国主席令（第五十五号）予以公布。《国务院关于鼓励社会力量兴办教育促进民办教育健康发展的若干意见》（国发〔2016〕81号，以下简称《若干意见》），全面部署了民办教育改革发展的各项政策措施。为深入贯彻落实党中央、国务院的决策部署，稳妥推进民办学校分类管理改革，特研究制定《民办学校分类登记实施细则》，现予印发。

民办学校分类管理是党中央、国务院确定的重大改革方向，是贯彻落实《民办教育促进法》修法精神的重要举措，是深化教育领域综合改革的重要内容。请各地务必高度重视，紧密结合《民办教育促进法》和《若干意见》的贯彻落实，做好民办学校的分类管理与分类登记工作，明确任务，细化要求，落实责任，确保党中央、国务院决策部署的切实落地和教育系统的和谐稳定。

教育部
人力资源社会保障部
民政部
中央编办
工商总局
2016年12月30日

民办学校分类登记实施细则

第一章 总 则

第一条 为贯彻落实《国务院关于鼓励社会力量兴办教育促进民办教育健康发展的若干意见》，推动民办教育分类管理，促进民办教育健康发展，根据《中华人民共和国教育法》《中华人民共和国民办教育促进法》和 2016 年 11 月 7 日《全国人民代表大会常务委员会关于修改〈中华人民共和国民办教育促进法〉的决定》等法律法规，制定本细则。

第二条 民办教育是社会主义教育事业的重要组成部分。民办学校应当遵守国家法律法规，全面贯彻党的教育方针，坚持党的领导，坚持社会主义办学方向，坚持公益性导向，坚持立德树人，对受教育者加强社会主义核心价值观教育，培养德、智、体、美等方面全面发展的社会主义建设者和接班人。

第二章 设立审批

第三条 民办学校分为非营利性民办学校和营利性民办学校。民办学校的设立应当依据《中华人民共和国民办教育促进法》等法律法规和国家有关规定进行审批。经批准正式设立的民办学校，由审批机关发给办学许可证后，依法依规分类到登记管理机关办理登记证或者营业执照。

第四条 设立民办学校应当具备《中华人民共和国教育法》《中华人民共和国民办教育促进法》和其他有关法律法规规定的条件，符合地方经济社会和教育发展的需要。

第五条 民办学校的设立应当参照国家同级同类学校设置标

准，无相应设置标准的由县级以上人民政府按照国家有关规定制定。申请设立民办学校，应当提交《中华人民共和国民办教育促进法》等法律法规和学校设置标准规定的材料、学校党组织建设有关材料。

第六条 审批机关对批准正式设立的民办学校发给办学许可证；对不批准正式设立的，应当以书面形式向申请人说明理由。

第三章 分类登记

第七条 正式批准设立的非营利性民办学校，符合《民办非企业单位登记管理暂行条例》等民办非企业单位登记管理有关规定的到民政部门登记为民办非企业单位，符合《事业单位登记管理暂行条例》等事业单位登记管理有关规定的到事业单位登记管理机关登记为事业单位。

第八条 实施本科以上层次教育的非营利性民办高等学校，由省级人民政府相关部门办理登记。实施专科以下层次教育的非营利性民办学校，由省级人民政府确定的县级以上人民政府相关部门办理登记。

第九条 正式批准设立的营利性民办学校，依据法律法规规定的管辖权限到工商行政管理部门办理登记。

第十条 登记管理机关对符合登记条件的民办学校，依法依规予以登记，并核发登记证或者营业执照；对不符合登记条件的，不予登记，并以书面形式向申请人说明理由。

第十一条 民办学校的名称应当符合国家有关规定，体现学校的办学层次和类别。

第四章 事项变更和注销登记

第十二条 民办学校涉及办学许可证、登记证或者营业执照上事项变更的，依照法律法规和有关规定到原发证机关办理变更手续。其中，民办本科高等学校办学许可证上除名称外需核准的其他事项变更，由省级人民政府核准。

第十三条 民办学校终止办学应当及时办理撤销建制、注销登记手续，将办学许可证、登记证或者营业执照正副本缴回原发证机关。

第五章 现有民办学校分类登记

第十四条 现有民办学校选择登记为非营利性民办学校的，依法修改学校章程，继续办学，履行新的登记手续。

第十五条 现有民办学校选择登记为营利性民办学校的，应当进行财务清算，经省级以下人民政府有关部门和相关机构依法明确土地、校舍、办学积累等财产的权属并缴纳相关税费，办理新的办学许可证，重新登记，继续办学。

第十六条 民办学校变更登记类型的办法由省级人民政府根据国家有关规定，结合地方实际制定。

第六章 附 则

第十七条 本细则所称现有民办学校为 2016 年 11 月 7 日《全国人民代表大会常务委员会关于修改〈中华人民共和国民办教育促进法〉的决定》公布前经批准设立的民办学校。本细则所称的审批机关包括县级以上教育、人力资源社会保障部门以及省级人民政府。本细则所称的登记管理机关包括县级以上民政、编制、工商行政管理部门。

第十八条 本细则由教育部、人力资源社会保障部、民政部、中央编办、工商总局负责解释。

附录5

教育部 人力资源社会保障部 工商总局关于印发《营利性民办学校监督管理实施细则》的通知

教发〔2016〕20号

各省、自治区、直辖市教育厅（教委）、人力资源社会保障厅（局）、工商行政管理局：

2016年11月7日，全国人民代表大会常务委员会通过了《全国人民代表大会常务委员会关于修改〈中华人民共和国民办教育促进法〉的决定》，规定对民办学校实行非营利性和营利性分类管理，并以国家主席习近平签署的中华人民共和国主席令（第五十五号）予以公布。《国务院关于鼓励社会力量兴办教育促进民办教育健康发展的若干意见》（国发〔2016〕81号，以下简称《若干意见》），全面部署了民办教育改革发展的各项政策措施。为深入贯彻落实党中央、国务院的决策部署，确保分类管理改革的有序推进，特研究制定《营利性民办学校监督管理实施细则》，现予印发。

民办学校分类管理是党中央、国务院确定的重大改革方向，是贯彻落实《民办教育促进法》修法精神的重要举措，是深化教育领域综合改革的重要内容。请各地务必高度重视，紧密结合《民办教育促进法》和《若干意见》的贯彻落实，科学稳妥做好营利性民办学校监督管理各项工作，明确任务，细化要求，落实责任，确保党中央、国务院决策部署的切实落地和教育系统的和谐稳定。

教育部

人力资源社会保障部

工商总局

2016年12月30日

营利性民办学校监督管理实施细则

第一章　总　则

第一条　为贯彻落实《国务院关于鼓励社会力量兴办教育促进民办教育健康发展的若干意见》，规范营利性民办学校办学行为，促进民办教育健康发展，根据《中华人民共和国教育法》《中华人民共和国民办教育促进法》和 2016 年 11 月 7 日《全国人民代表大会常务委员会关于修改〈中华人民共和国民办教育促进法〉的决定》等法律法规，制定本细则。

第二条　社会组织或者个人可以举办营利性民办高等学校和其他高等教育机构、高中阶段教育学校和幼儿园，不得设立实施义务教育的营利性民办学校。

社会组织或者个人不得以财政性经费、捐赠资产举办或者参与举办营利性民办学校。

第三条　营利性民办学校应当遵守国家法律法规，全面贯彻党的教育方针，坚持党的领导，坚持社会主义办学方向，坚持立德树人，对受教育者加强社会主义核心价值观教育，培养德、智、体、美等方面全面发展的社会主义建设者和接班人。

营利性民办学校应当坚持教育的公益性，始终把培养高素质人才、服务经济社会发展放在首位，实现社会效益与经济效益相统一。

第四条　审批机关、工商行政管理部门和其他相关部门在职责范围内，依法对营利性民办学校行使监督管理职权。

第二章　学校设立

第五条　批准设立营利性民办学校参照国家同级同类学校设

置标准，一般分筹设、正式设立两个阶段。经批准筹设的营利性民办学校，举办者应当自批准筹设之日起3年内提出正式设立申请，3年内未提出正式设立申请的，原筹设批复文件自然废止。

营利性民办学校在筹设期内不得招生。

第六条 审批机关应当坚持高水平、有特色导向批准设立营利性民办学校。设立营利性民办高等学校，应当纳入地方高等学校设置规划，按照学校设置标准、办学条件和学科专业数量等严格核定办学规模。中等以下层次营利性民办学校办学规模由省级人民政府根据当地实际制定。

第七条 营利性民办学校注册资本数额要与学校类别、层次、办学规模相适应。

第八条 举办营利性民办学校的社会组织或者个人应当具备与举办学校的层次、类型、规模相适应的经济实力，其净资产或者货币资金能够满足学校建设和发展的需要。

第九条 举办营利性民办学校的社会组织，应当具备下列条件：

（一）有中华人民共和国法人资格。

（二）信用状况良好，未被列入企业经营异常名录或严重违法失信企业名单，无不良记录。

（三）法定代表人有中华人民共和国国籍，在中国境内定居，信用状况良好，无犯罪记录，有政治权利和完全民事行为能力。

第十条 举办营利性民办学校的个人，应当具备下列条件：

（一）有中华人民共和国国籍，在中国境内定居。

（二）信用状况良好，无犯罪记录。

（三）有政治权利和完全民事行为能力。

第十一条 申请筹设营利性民办学校，举办者应当提交下列材料：

（一）筹设申请报告。内容主要包括：举办者的名称、地址或者姓名、住址及其资质，筹设学校的名称、地址、办学层次、办学规模、办学条件、培养目标、办学形式、内部管理机制、党组织设置、经费筹措与管理使用等。

（二）设立学校论证报告。

（三）举办者资质证明文件。举办者是社会组织的，应当包括社会组织的许可证、登记证或者营业执照、法定代表人有效身份证件复印件，决策机构、权力机构负责人及组成人员名单和有效身份证件复印件，有资质的会计师事务所出具的该社会组织近2年的年度财务会计报告审计结果，决策机构、权力机构同意投资举办学校的决议。举办者是个人的，应当包括有效身份证件复印件、个人存款、有本人签名的投资举办学校的决定等证明文件。

（四）资产来源、资金数额及有效证明文件，并载明产权。

（五）民办学校举办者再申请举办营利性民办学校的，还应当提交其举办或者参与举办的现有民办学校的办学许可证、登记证或者营业执照、组织机构代码证、校园土地使用权证、校舍房屋产权证明复印件，近2年年度检查的证明材料，有资质的会计师事务所出具的学校上年度财务会计报告审计结果。

（六）有两个以上举办者的，应当提交合作办学协议，明确各举办者的出资数额、出资方式、权利义务，举办者的排序、争议解决办法等内容。出资计入学校注册资本的，应当明确各举办者计入注册资本的出资数额、出资方式、占注册资本的比例。

第十二条 申请正式设立营利性民办学校，举办者应当提交下列材料：

（一）正式设立申请报告。

（二）筹设批准书。

（三）举办者资质证明文件。提交材料同本细则第十一条第（三）项。

（四）学校章程。

（五）学校首届董事会、监事（会）、行政机构负责人及组成人员名单和有效身份证件复印件。

（六）学校党组织负责人及组成人员名单和有效身份证件复印件，教职工党员名单。

（七）学校资产及其来源的有效证明文件。

（八）学校教师、财会人员名单及资格证明文件。

第十三条 直接申请正式设立营利性民办学校的，须提交本细则第十一条第（二）项规定的材料、第十二条除第（二）项以外的材料。

第十四条 审批机关对批准正式设立的营利性民办学校发给办学许可证；对不批准正式设立的，应当书面说明理由。经审批正式设立的营利性民办学校应当依法到工商行政管理部门登记。

第十五条 设立营利性民办学校，要坚持党的建设同步谋划、党的组织同步设置、党的工作同步开展。

第三章　组织机构

第十六条 营利性民办学校应当建立董事会、监事（会）、行政机构，同时建立党组织、教职工（代表）大会和工会。

营利性民办学校法定代表人由董事长或者校长担任。

第十七条 营利性民办学校董事会、行政机构、校长应当依据国家有关法律法规和学校章程设立和行使职权。

第十八条 营利性民办学校监事会中教职工代表不得少于1/3，主要履行以下职权：

（一）检查学校财务。

（二）监督董事会和行政机构成员履职情况。

（三）向教职工（代表）大会报告履职情况。

（四）国家法律法规和学校章程规定的其他职权。

第十九条 有犯罪记录、无民事行为能力或者限制行为能力者不得在学校董事会、监事会、行政机构任职。一个自然人不得同时在同一所学校的董事会、监事会任职。

第二十条 营利性民办学校应当切实加强党组织建设，强化党组织政治核心和政治引领作用，在事关学校办学方向、师生重大利益的重要决策中发挥指导、保障和监督作用。推进双向进入、交叉任职，党组织书记应当通过法定程序进入学校董事会和行政机构，党员校长、副校长等行政机构成员可按照党的有关规定进入党组织领导班子。监事会中应当有党组织领导班子成员。营利性民办学校应当加强共青团组织建设，充分发挥教职工（代表）大会和工会的作用。

第四章　教育教学

第二十一条 营利性民办学校应当以培养人才为中心，遵循教育规律，不断提高教育教学质量，增强受教育者的社会责任感、创新精神、实践能力。

第二十二条 营利性民办学校应当抓好思想政治教育和德育工作。加强思想政治理论课和思想品德课教学，推进中国特色社会主义理论体系进教材、进课堂、进头脑。深入开展理想信念、爱国主义、集体主义、中国特色社会主义教育和中华优秀传统文化、革命传统文化、民族团结教育，引导师生员工树立正确的世界观、人生观、价值观。

第二十三条 实施学历教育的营利性民办学校应当按照国家规定设置专业、开设课程、选用教材。营利性民办幼儿园应当依据国家和地方有关规定科学开展保育和教育活动。

第二十四条 营利性民办学校招收学历教育学生、境外学生应当遵守国家有关规定，招生简章和广告应当报审批机关备案。其中，本科高等学校的招生简章和广告应当报省级人民政府教育行政部门备案。

第二十五条　营利性民办学校聘任的教师应当具备国家规定的教师资格或者相关专业技能资格，学校应当按照《中华人民共和国教师法》《中华人民共和国劳动合同法》等国家法律法规和有关规定与教职工签订劳动合同。学校应当加强教师师德建设和业务培训，依法保障教职工工资、福利待遇和其他合法权益。学校聘任外籍教师应当符合国家有关规定。

第五章　财务资产

第二十六条　营利性民办学校执行《中华人民共和国公司法》及有关法律规定的财务会计制度。学校应当独立设置财务管理机构，统一学校财务核算，不得账外核算。

第二十七条　营利性民办学校应当建立健全财务内部控制制度，按实际发生数列支，不得虚列虚报，不得以计划数或者预算数代替实际支出数。

第二十八条　营利性民办学校按学期或者学年收费，收费项目及标准应当向社会公示30天后执行。不得在公示的项目和标准外收取其他费用，不得以任何名义向学生摊派费用或者强行集资。

第二十九条　营利性民办学校收入应当全部纳入学校财务专户，出具税务部门规定的合法票据，由学校财务部门统一核算、统一管理，保障学校的教育教学、学生资助、教职工待遇以及学校的建设和发展。学校应当将党建工作、思想政治工作和群团组织工作经费纳入学校经费预算。

第三十条　营利性民办学校拥有法人财产权，存续期间，学校所有资产由学校依法管理和使用，任何组织和个人不得侵占、挪用、抽逃。营利性民办学校举办者不得抽逃注册资本，不得用教育教学设施抵押贷款、进行担保，办学结余分配应当在年度财务结算后进行。

第三十一条 营利性民办学校应当建立健全学校风险防范、安全管理制度和应急预警处理机制，保障学校师生权益、生命财产安全，维护学校安全稳定。学校法定代表人是学校安全稳定工作的第一责任人。

第六章　信息公开

第三十二条 营利性民办学校应当依据法律法规建立信息公开制度及信息公开保密审查机制，公开的信息不得危及国家安全、公共安全、经济安全、社会稳定和学校安全稳定。

第三十三条 营利性民办高等学校信息公开内容应当执行《高等学校信息公开办法》等国家有关规定，其他营利性民办学校信息公开办法由地方人民政府学校主管部门制定。

第三十四条 营利性民办学校应当按照《企业信息公示暂行条例》规定，通过国家企业信用信息公示系统，公示年度报告信息、行政许可信息以及行政处罚信息等信用信息。

第三十五条 营利性民办学校信息应当通过学校网站、信息公告栏、电子屏幕等场所和设施公开，并可根据需要设置公共阅览室、资料索取点方便调取和查阅。除学校已经公开的信息外，社会组织或者个人可以书面形式向学校申请获取其他信息。

第七章　变更与终止

第三十六条 营利性民办学校分立、合并、终止及其他重大事项变更，应当由学校董事会通过后报审批机关审批、核准，并依法向工商行政管理部门申请变更、注销登记手续。其中，营利性民办本科高等学校分立、合并、终止、名称变更由教育部审批，其他事项变更由省级人民政府核准。

第三十七条 营利性民办学校分立、合并、终止及其他重大事项变更，应当制定实施方案和应急工作预案，并按隶属关系报学校主管部门备案，保障学校教育教学秩序和师生权益不受影响。

第三十八条 营利性民办学校有下列情形之一的，应当终止：

（一）根据学校章程规定要求终止，并经审批机关批准的。

（二）被吊销办学许可证的。

（三）因资不抵债无法继续办学的。

第三十九条 营利性民办学校终止时，应当依法进行财务清算，财产清偿依据《中华人民共和国民办教育促进法》等法律法规和学校章程的规定处理，切实保障学校师生和相关方面的权益。

第四十条 营利性民办学校终止时，应当及时办理建制撤销、注销登记手续，将学校办学许可证正副本、印章交回原审批机关，将营业执照正副本缴回原登记管理机关。

第四十一条 营利性民办学校发生分立、合并、终止等重大事项变更，学校党组织应当及时向上级党组织报告，上级党组织应当及时对学校党组织的变更或者撤销作出决定。

第八章　监督与处罚

第四十二条 教育、人力资源社会保障行政部门依据《中华人民共和国民办教育促进法》规定的管理权限，对营利性民办学校实施年度检查制度。工商行政管理部门对营利性民办学校实施年度报告公示制度。

第四十三条 教育、人力资源社会保障行政部门依据《中华人民共和国民办教育促进法》规定的管理权限，加大对营利性民办学校招生简章的监管力度，对于使用未经备案的招生简章、发布虚假招生简章的民办学校依法依规予以处理。

第四十四条 教育、人力资源社会保障行政部门依据《中华人民共和国民办教育促进法》规定的管理权限，加强对营利性民办学校办学行为和教育教学质量的监督管理，依法依规开展督导和检查，组织或者委托社会组织定期进行办学水平和教育教学质量评估，并向社会公布评估结果。

第四十五条 教育行政部门应当加强对实施学历教育的营利性民办学校执行电子学籍和学历证书电子注册制度情况的监督，对非法颁发或者伪造学历证书、学位证书的营利性民办学校依法予以处理。

第四十六条 地方教育、人力资源社会保障及其他相关部门应当通过实施审计、建立监管平台等措施对营利性民办学校财务资产状况进行监督。

第四十七条 营利性民办学校违反《中华人民共和国教育法》《中华人民共和国民办教育促进法》及相关法律法规，有下列行为之一的，由教育、人力资源社会保障、工商行政部门或者其他相关部门依法责令限期改正，并予以警告；有违法所得的，退还所收费用后没收违法所得；情节严重的，责令停止招生、吊销办学许可证；构成犯罪的，依法追究刑事责任：

（一）办学方向、教学内容、办学行为违背党的教育方针，违反国家相关法律规定。

（二）办学条件达不到国家规定标准，存在安全隐患。

（三）提供虚假资质或者进行虚假广告、宣传等行为。

（四）筹设期间违规招生，办学期间违规收费。

（五）因学校责任造成教育教学及安全事故。

（六）抽逃办学资金、非法集资。

（七）存在其他违反法律法规行为。

第四十八条 民办学校有下列情形之一的，其举办者不得再举办或者参与举办营利性民办学校：

（一）法人财产权未完全落实。

（二）民办学校属营利性的，其被列入企业经营异常名录或严重违法失信企业名单。

（三）办学条件不达标。

（四）近2年有年度检查不合格情况。

（五）法律法规规定的其他情形。

第九章 附 则

第四十九条 营利性民办培训机构参照本细则执行。

第五十条 本细则由教育部、人力资源社会保障部、工商总局负责解释。

附录 6

上海市营利性民办高等学校办学结余分配工作管理办法（试行）

第一章 总 则

第一条（制定依据）

为细化落实分类管理制度，规范上海市营利性民办高等学校（以下简称"民办高校"）办学结余分配工作，依据《中华人民共和国民办教育促进法》《中华人民共和国公司法》《中华人民共和国民办教育促进法实施条例》《关于加强民办学校党的建设工作的意见（试行）》《上海市人民政府关于促进民办教育健康发展的实施意见》等规定，结合实际，制定本办法。

第二条（基本原则）

市级教育行政部门应当根据民办教育分类管理改革精神，制定完善相关制度，规范民办高校办学行为，加强民办高校办学结余分配工作监管。

民办高校应当合法、合规、合理开展办学结余分配工作，确保学校办学稳定和教育秩序正常。

第三条（适用范围）

在本市行政区域内，实施学历教育的在市场监管部门登记的营利性民办高校，满足本办法规定的分配条件和程序的，可以分配办学结余。

本市营利性民办高校办学结余分配工作的实施与管理，适用本办法。

第四条（管理职权）

市级教育行政部门统筹本市民办高校办学结余分配制度建设和监督管理等工作，可以会同市场监管、财政、税务、审计、物价等部门开展日常检查。

第二章 分配条件

第五条（费用提取）

民办高校应当依法保障教职工待遇和学生权益，按照规定提取相关费用。

民办高校应当为教职工足额缴纳社会保险费和住房公积金，建立职业年金或者企业年金等补充养老保险，并从学费收入中提取一定比例建立专项资金或者基金，由学校管理，用于教职工职业激励或者增加待遇保障。

民办高校应当建立学生资助、奖励制度，从学费收入中提取不少于5%的资金，用于奖励和资助学生。

第六条（办学条件）

民办高校应当落实法人财产权，办学条件应当符合相关标准，办学条件的相关情况以年度检查数据为准。

民办高校应当合理提高人员经费在学校支出中的比例，学校人员经费支出比例不低于学费收入的50%或者学校专职专任教师平均工资不低于本市同类高校教师平均工资水平。

民办高校财务管理符合相关规定，学校的资产负债率不超过60%，学校利润分配后流动资金可覆盖下一年年度债务及利息。

民办高校名下占地面积和生均教学行政用房面积基本达标，设施设备基本满足教育教学需要。

第七条（财务预决算）

民办高校制定的年度预算中应当明确办学结余分配的内容和金额。

民办高校应当按照相关规定完成上年度财务结算工作，依法缴纳相关税款，有可供分配的办学结余。举办者或者实控人没有拖欠学校债务，财政性经费不得参与分配。

办学结余分配应当在年度财务结算后进行。

第八条（制度要求）

民办高校应当制定办学结余分配工作的管理办法和内控制度，在章程中明确办学结余分配的相关内容。民办高校办学结余分配应当符合章程、管理办法和内控制度规定。

第九条（法人治理）

学校法人治理结构应当符合相关法律法规要求，举办者或者实控人已依法核准或者备案。

第十条（年检情况）

民办高校开展办学结余分配工作前，应当确保上年度检查未发现问题或者发现的问题已完成整改。

第三章　分配程序

第十一条（学校自查）

完成年度财务结算后，民办高校决策机构根据股东提议召开会议，讨论是否分配办学结余。决定要分配办学结余的，由民办高校对照本办法开展自查，符合条件的，由民办高校决策机构制定分配方案，方案中应当明确提取利润的10%列入学校发展基金（法定公积金）。

第十二条（内部决策）

民办高校向督导专员报告办学结余分配事项，督导专员向市级教育行政部门报告办学结余分配事项，并提出意见。

民办高校依次召开党组织会议并提出意见、决策机构会议并形成决议、监督机构会议并提出意见，待民办高校办学结余分配事项通过后，召开教职工代表大会，听取教职工代表意见。民办高校召开股东会会议，审议办学结余分配方案并形成决议。

第十三条（材料准备）

民办高校应当按照要求准备相关方案和报告，包括：学校办学结余分配的方案、督导专员关于学校办学结余分配事项的报告、学校办学结余分配的重大事项报告；相关管理办法和内控制度，包括学校章程、学校办学结余分配管理办法和内控制度、学校学生资助奖励制度；相关会议纪要、决议和报告，包括学校党组织关于办学结余分配事项讨论研究的会议纪要、学校监督机构关于办学结余分配事项的会议纪要、学校决策机构关于办学结余分配事项的决议、学校股东会审议批准学校办学结余分配方案的决议、学校教职工代表大会会议报告；民办高校满足分配条件的相关支撑材料，包括学校年度财务审计报告、学校年度预算备案材料、学校上年度检查问题整改情况的报告、学校已计提相关费用的材料，以及其他需要说明的材料。

办学结余分配事项决策的过程性材料应当建档备查。

第十四条（书面报告）

民办高校应当在办学结余分配前通过书面形式向市级教育行政部门报告办学结余分配事项。

第十五条（结余分配）

民办高校符合办学结余分配条件且完成相关分配程序后，按照办学结余分配方案分配办学结余。

第四章　监督管理

第十六条（分配检查）

市级教育行政部门通过年度检查工作对民办高校的办学结余分配情况进行检查，检查结果将影响年度检查结论，以及民办高校的其他扶持奖励和评奖评优工作。

第十七条（财务监管）

市级教育行政部门通过"上海市民办高校财务监管平台"等加强对民办高校财务规范的管理，并根据民办高校的办学结余分配情况适时组织开展财务专项审计工作。

第十八条 (法律责任)

民办高校在办学结余分配工作中存在隐瞒真实情况，弄虚作假；不符合分配条件或者分配程序开展办学结余分配工作；对于办学结余分配情况检查或者专项审计中发现问题拒不整改等行为的，由市级教育行政部门约谈学校举办者、决策机构负责人、校长和会计机构负责人（会计主管人员）等，限期纠正违规问题，并会同有关部门视情形依法依规追究相应责任。

在民办高校办学结余分配管理工作中，参与的相关人员有滥用职权、徇私舞弊、泄露工作秘密等行为的，责令其改正；情节严重的，对直接负责的主管人员和其他直接责任人员，依法予以处分。

第五章 附 则

第十九条 (解释部门)

本办法由上海市教育委员会负责解释。

第二十条 (实施日期)

本办法自 2023 年 4 月 1 日起实施，有效期 2 年。